놀면서 배우는 심리학 02

자존감 혁명

KB192294

놀면서 배우는
심리학
02

자존감 혁명

Self-Esteem Revolution

마음이 단단하고 내면이 성숙한 사람들의 비밀

강지윤 권준수 김경일 김병수 김혜령 문요한 성현규
유은정 이동귀 이두형 이헌주 장성숙 정두영 조장원
최광현 최명기 최연호 최설민 한상만 함광성 황인환 지음

최설민 엮음

21세기북스

차례

PART 1

아무리 힘들어도 나에게 친절하라

PART 2

'싫다'고 말하는 사람이 사랑받는다

PART 3

인생은 길다는 것을 기억하라

CHAPTER 6   넘어지는 건 부끄러운 일이 아니다

PART 1

아무리 힘들어도 나에게 친절하라

CHAPTER 1

내 감정을 이해하는 아주 작은 습관

아무리 괴롭고 비참했던 순간도 시간이 지나면
별거 아니었다는 생각이 반드시 찾아와요.
그런 깨달음이 반복되면 앞으로 일어날 일을
크게 불안해하지 않을 수 있어요,
기분 일기를 쓰거나 규칙적인 일상을 유지하며
조절과 통제가 가능한 루틴을 만드세요.

불안하지 않으려고 노력할수록
불안해지는 이유

이부행 | 이부행정신건강의학과의원 원장

내가 원하지 않는 마음과
나를 힘들게 하는 뭔가가 존재한다고 해서
내게 문제가 있다거나
내 인생이 잘못되었다는 증거는 아니에요.
그 또한 우리 마음의 본질일 수 있으니
우리에게는 그것을 받아들일 용기가 필요합니다.

최설민　현대를 살아가는 사람들이라면 누구나 막연하게 불안을 느낄 때가 있습니다. 그리고 그 불안으로 인해 일상과 인간관계가 힘들어지기도 하고요. 내가 느끼는 불안의 종류는 매번 달라지기도 하고, 사람마다 차이가 있기도 합니다. 또 불안이 잠시 머물다 떠나기도 하지만, 오랫동안 나를 잠식하기도 합니다. 왜 우리는 이렇게 불안감을 안고 살아가야만 하는 걸까요?

이두형　누구나 그렇듯이 우리는 완벽한 존재가 아니고, 우리의 삶 역시 완벽하지 않죠. 살다 보면 언제든 예상치 못한 힘든 일을 겪게 됩니다. 그 힘든 일들이 축적되면 나의 뇌는 그 경험을 바탕으로 나한테 또 그런 일이 닥칠 수 있다는 것을 예측하고 그에 따른 대비를 하게 됩니다. 그러면서 나도 모르게 불안한 생각들을 하게 되는 것이죠.

최설민　예전에는 환경적으로나 사회적으로 크고 작은 위협이 많아서 불안을 느끼고 위험에 대처하는 게 당연한 일일 수 있었지만, 요즘 시대에는 우리 삶에 직접적으로 위협이 되는 것들이 그때에 비해 많진 않은 것 같아요. 그런데도 우리는 늘 불안을 느끼며 살아가는데, 이런 상황에서는 어떤 마인드셋을 가져야 할까요?

이두형　이렇게 한번 생각해 보세요. 우리가 전철을 타고 집에 돌아간다고 했을 때 오늘 사고가 날 확률은 얼마나 될까요? 보통은 매우 낮을 거라고 생각합니다. 그런데 매우 낮다는 말은 사고가 날 확률이 '0'이 아니라 조금이라도 있다는 뜻이죠. 우리는 아주 낮은 확률이라도 '오늘 집에 가다가 사고가 나면 어떡하지?'라는 생각을 하게 되고, 상상력과 기능이 뛰어난 우리의 뇌는 내가 나쁜 경험을 할 수도 있는 다양한 경우의 수를 아주 구체적으로 떠올립니다. 그러면 우리는 마음을 조금이라도 편하게 하고 위험에 대비하기 위한 생각을 하게 됩니다.

그런데 그렇게 생각에 생각을 거듭하다 보면 나쁜 일들을 더 많이 상상하게 되고 그럼으로써 불안감은 더 커지게 되죠. 우리의 뇌는 예측하는 데 아주 뛰어난 기능을 가지고 있고 이를 통해 구체적으로 시뮬레이션하는 것은 우리 삶에 많이 도움이 되기도 합니다. 하지만 힘든 일을 겪고 있거나 마음이 불안정하거나 혹은 불안을 떨쳐내기 위한 답을 찾기 위해 생각을 거듭하다 보면 오히려 아주 낮은 가능성의 일들까지 구체적으로 떠올리면서 오히려 더 불안해지는 거죠. 불안을 안정시키려고 생각하면 할수록 머릿속에서는 불안이 더 구체화되고 가중되는 과정이 일어납니다.

내가 할 수 없는 것도 있다는 사실을 받아들이는 용기

최설민 그런데 우리는 잠시도 생각을 안 하고 살 수가 없잖아요. '아무것도 생각하지 말아야지'라고 하는 그것조차도 또 생각이니까요. 그러면 도대체 어떻게 해야 하는 걸까요?

이두형　그러면 이렇게 한번 따라 해보세요. 흰색의 북극곰이 있습니다. 지금부터 3초 동안 절대로 북극곰 생각을 하지 말아보세요. 어떤가요? 성공하셨나요? 아마 그렇지 못할 겁니다. 북극곰을 떠올리지 않아야 한다고 생각하는 순간부터 계속해서 북극곰이 떠오를 테니까요. 마찬가지로 '이제 불안해하지 말자'라고 접근하는 순간부터 불안에 대한 생각이 더 떠오를 수밖에 없어요.

미래에 대한 고민, 대인관계에 대한 고민 등등 흔히 우리가 걱정하는 일들의 대부분이 내 인생에 있어서 중요한 일이긴 합니다. 그런 만큼 그 생각을 누르려고 하면 할수록 더 떠오를 수밖에 없어요. 불안을 억제하면 억제할수록, 생각을 내려놓자고 생각하면 할수록 그 생각이 더 강해지는 거죠. 불안이나 걱정이 많은 분들에게 이런 말씀을 드리고 싶어요. 생각으로 답을 찾기가 힘들다는 걸 느껴보셨으면 해요. 보통은 내가 어떻게 하면 마음이 편해질지, 어떻게 하면 나의 고민이 해결될지 생각을 통해 답을 찾거나 결론을 내리려는 시도를 많이 합니다. 그런데 오히려 그게 함정이 될 수 있어요.

최설민　생각을 통해 문제(불안)를 해결하려는 시도 자체가 우리의 뇌로 하여금 더 구체적인 이미지를 떠올리게 하고 더 깊이 생각하게 만듦으로써 아주 낮은 가능성의 불안까지도 구체화하기 때문에 두려움이 더 커질 수도 있다는 말씀인 거네요.

이두형   그렇죠. 생각도 하나의 행동이거든요. 행동과학적으로 생각은 하나의 '내적인 행동'이라고 봐요. 그러니까 '생각'은 내가 택할 수 있는 여러 선택지 중 하나예요. 뭔가를 하지 말자고 생각하는 것 자체가 내적으로는 그것을 향해 한 발 더 다가가는 행동이 되는 셈이죠. 생각이라는 행동을 통해 불안에서 벗어나려 할수록 더 구체화된 불안에 빠져드는 거예요. 우리는 어떤 문제 상황에 놓이면 그것을 분석하고 좀 더 나은 상황으로 만들려고 노력합니다. 그렇게 하면 내 마음이 좀 더 편안해질 거라 생각하고 고민하는 행동을 반복해요. 그러면서 더 불안해지는 상황이 연출되는 거죠.

최설민   인생을 살아가다 보면 우리 뜻대로, 우리 마음대로 되지 않는 일들이 참 많다는 걸 알게 됩니다. 그럴 때 특히 더 큰 불안감이 생기고, 삶을 좀 더 비관적으로 바라보게 되는 것 같아요. 이런 상황에 놓였을 때 생각에 몰두해 오히려 불안감을 증폭시키지 않으려면 다른 행동이 필요할 것 같아요. 예를 들면 어떤 게 있을까요?

이두형   시험을 한번 예로 들어볼게요. 내가 수험생이 되어 공부를 한다면 당연히 합격이나 좋은 성적을 원할 거예요. 그런데 내가 합격할지 말지, 또는 시험문제에 내가 공부한 부분이 많이 나와서 좋은 성적이 나올지 아닐지는 사실 나한테 달린 문제가 아니에요. 내가 그것에 대해 골똘히 생각한다고 해서 달라질 수 있는 문제가 아닌 거죠. 그보다는 시험을 볼 때까지 내가 어느 정도의 양을 공부해야 하는지 목표를 세우고, 그 목표를 실천하기 위해 이번 달, 이번 주, 오늘 해야 할 공부의 양을 구체적으로 정하는 거예요. 그렇게 내가 할 수 있는 게 무엇인지를 확인하고 거기에만 몰입하는 거죠.

살다 보면 분명 내가 어찌할 수 없는 게 있고, 내가 할 수 있는 게 있어요. 우리에게 필요한 건 내가 어찌할 수 없는 게 있다는 그 사실을 받아들이는 용기예요. 내 생각대로 안 될 때 혹은 내 생각대로 안 될까 봐 걱정될 때, 그 문제는 내가 어떻게 할 수 있는 게 아니라는 사실을 받아들이고 그 대신 내가 지금 할 수 있는 것에 집중하는 거예요. 공부를 하다 보면 결과가 좋지 않을까 봐 두려울 수 있어요. 그럴 때도 지금 나의 생각으로 미래의 결론을 내릴 수 없다는 사실을 받아들이는 거예요.

최설민 먼저 내가 어찌할 수 없는 것과 어찌할 수 있는 것을 구분하고, 내가 어찌할 수 없는 게 있다는 사실을 받아들인 다음 내가 할 수 있는 것에 전념하는 거네요. 그러면 범위를 조금 더 확대해 이런 마인드셋을 대인관계에도 적용할 수 있을까요?

이두형 대인관계도 마찬가지예요. 나는 상대방을 좋아하는데 상대방은 나를 안 좋아할 수 있어요. 다시 말해 세상에는 나를 좋아하고 사랑하는 사람이 있는가 하면, 나를 좋아하거나 사랑하지 않는 사람도 분명히 있어요. 이걸 구분하고 받아들이는 게 중요해요. 물론 이것이 공부나 대인관계에서의 정답은 아닐 수 있지만 제가 삶에 적용하고 있는 원칙이에요.

우리는 보통 내가 원하는 방향으로 관계가 흘러가지 않거나 오해가 생기거나 타인이 나를 싫어하거나 불편해할 때 인간관계에 대해 고민하고 뭘 어떻게 해야 할지 생각하게 되죠. 본질적으로는 내가 누군가를 좋아하고 마음을 표현하고 잘 지내려 노력하는 건 나한테 달린 문제지만 타인이 나를 어떻게 생각할지, 나를 좋아할지 말지는 내가 어찌할 수 없는 일이에요. 그런데도 우리는 늘 결과를 보고 '이 사람이 나를 좋아해야 하는데 왜 안 좋아하지?'라며 고민하는 것 같아요.

누군가 나를 안 좋아하는 것 같다면 그럴 때는 그것은 내가 어찌할 수 없는 일이라는 걸 먼저 생각하는 거예요. 한평생을 살면서 우리는 아주 많은 사람을 만나요. 그리고 사람의 마음은 얼굴 생김만큼이나 제각각이에요. 그런데 그 많은 사람이 모두 다 나를 좋아하기를 바란다는 것은 어쩌면 불가능한 일일 거예요. 내가 아무리 노력해도 내 마음처럼 이루어지지 않는 일이 있다는 사실을 인식하고 받아들이면 오히려 마음이 열릴 수 있어요.

마음의 문제가 아니라 완전하지 않은 것뿐이다

최설민 그 사실을 받아들이는 것 자체가 굉장히 아프고 힘든 일일 것 같아요. 그렇더라도 우선은 그런 사실을 구분하고 받아들이는 과정이 필요한 거군요.

이두형　수용전념치료에서는 이것을 '창조적인 절망감'이라고 표현해요. 우리는 보통 내가 원하는 게 좌절되었을 때 절망해요. 그런데 사람의 마음을 깊이 들여다보면 내가 원하는 것들이 현실적으로 이루어지기 어렵다는 걸 알면서도 그것을 붙들고 있음으로써 오히려 더 힘들어진다는 걸 발견하게 돼요. 예를 들어 죽을 때까지 한 번도 우울하지 않기, 모든 사람으로부터 사랑받기, 내가 원하는 일들이 모두 내 생각대로 이루어지기 등이 그런 경우죠.

물론 그런 일들이 이루어질 수도 있지만 아닐 가능성이 더 큰 게 우리 인생이잖아요. 나는 완벽하지 않고 내 인생도 완벽하지 않으니까요. 그리고 이것은 모든 사람에게 적용되는 이야기예요. 이런 사실을 받아들일 때 절망감이 들 수도 있어요. 그렇더라도 그것을 받아들이고 나면 세상만사가 내 마음대로 될 수만은 없다는 걸 인정하게 돼요. 그러면서 내가 할 수 있는 것에 더 노력을 기울이게 되는 거죠.

때로는 나의 노력이 내 생각과 다른 결과로 돌아오더라도 내가 할 수 있는 것을 향해 나아가며 살아간다면 그 과정이 곧 행복이에요. 모든 사람이 나를 사랑하고, 돈을 많이 벌고, 원하는 것을 다 이루는 이런 비현실적인 바람이 달성되어야만 우리가 행복을 느끼는 것은 아니에요. 우리의 인생이 내 마음대로 안 되는 것투성이고, 예상할 수 없는 일들도 많고, 때론 힘들기도 하지만 그 과정에서 내가 할 수 있는 것에 몰입하며 살아가는 순간순간들이 곧 우리의 행복이라고 생각해요.

수용전념치료는 기존의 주류 심리학과는 관점이 조금 다른 부분이 있어요. 기존 심리학에서는 인간의 마음이 불편함이 없는 상태를 정상이라고 봐요. 그런 관점으로 본다면 우울하거나 불안하다는 건 문제가 있는 거죠. 그래서 우리 마음에 어떤 문제가 있는지를 찾아내고 그 문제를 해결하려는 쪽으로 접근해 왔어요. 예를 들어 어릴 때 충분히 사랑받지 못하면 애착관계에 문제가 생길 수 있다는 식인 거죠.

하지만 모든 인간에게는 희로애락이 존재하고, 개개인에 따라 힘든 마음이나 내가 원하지 않는 마음이 존재할 수도 있어요. 그것을 문제라고 단정하기보다는 그 자체가 우리 마음의 본질일 수도 있다고 보고 먼저 그것을 받아들이는 거예요. 불완전하다는 게 곧 부정적인 것을 의미하는 건 아니에요. 불완전하기 때문에 내가 어떻게 살아가야 하는지, 나에게 어떤 게 의미 있는 일인지 등을 깊이 생각하고 그것들을 위해 살아가게 되는 거예요.

최설민 우리는 우울하거나 불안하면 주변의 시선은 물론이고 나 자신조차도 나에게 문제가 있어서 그런 거라고 생각하는데, 관점을 달리해서 우울함이나 불안감이 나의 본질이라고 생각하면 그런 감정을 대하는 마음 자체가 확연히 달라지는 것 같습니다. 한결 마음이 편안해지고 자유로워진달까요.

이두형 맞아요. 그런 관점이 한편으로는 창조적인 절망감으로 보일 수도 있지만 반면에 우리를 자유롭게 하는 것이기도 해요. 나는 완벽하지 않지만 그 완벽하지 않은 내가 꾸려갈 수 있는 행복이 분명히 있다고 접근하는 거예요. 내 안에 내가 원하지 않는 마음이 존재한다는 것, 또 내가 생각하지 못한 나를 힘들게 하는 무언가가 존재한다는 게 결단코 나와 내 인생이 잘못되었다는 증거는 아니에요.

그런 마음을 느낄 때마다 많은 사람들이 '나는 어떤 문제가 있는 사람이지?', '어릴 때 나한테 무슨 상처가 있어서 이런 마음을 겪는 거지?', '내가 뭘 잘못했기 때문에 이렇게 살아가고 있는 거지?'라는 식으로 자기 자신을 부정해요. 안 그래도 마음이 힘든데 거기에 덧붙여 내가 뭔가 문제가 있는 사람으로 인식하니까 더 힘들 수밖에 없어요.

우울하지도 않고 불안하지도 않고 늘 긍정적이며 활력이 넘치고 모든 사람과 잘 지내고 하는 일마다 다 잘되는 그런 사람이 존재할까요? 아마 없을 거예요. 그런데 우리는 마음이 좋아져야 한다면서 아주 이상적이고 환상적이며 실제로는 존재하지 않는 그런 마음을 추구하는 경향이 있어요. 하지만 이 세상에 완벽한 삶을 살아가는 사람은 없어요. 누구에게나 힘든 마음이 존재해요.

그런데 우리가 태어나서부터 지금까지 한순간이라도 불행해지려고 노력한 적이 있을까요? 없어요. 매일매일 우리는 행복해지고 싶어 해요. 나를 소중히 여기며 좀 더 나은 삶을 위해 노력하죠. 때로는 그런 바람과 노력이 원하는 결과를 가져오지 않아 좌절하기도 하고, 그 순간 나 자신이 싫어질 수도 있어요. 하지만 그런 순간과 그런 마음이 존재한다고 해서 내가 부족하거나 문제가 있거나 잘못된 사람이 아니라는 것을 꼭 기억하셨으면 좋겠습니다.

최설민 이 세상에 완벽한 사람은 없고 누구에게나 힘든 마음은 존재하는데, 그렇다고 해서 그것이 내가 잘못되었다는 증거가 아니라는 것을 스스로 인식해야 할 것 같아요. 행복만큼이나 부정적인 감정 또한 나를 이루는 본질이며 아주 자연스러운 감정이라고 받아들이는 인식의 변화가 필요할 것 같습니다.

놀심의 한 줄로 배우는 심리학

* 불안을 억제하려고 애쓰지 마세요. 그럴수록 불안은 더 강해지고 선명해질 뿐이에요. 불안감 또한 나를 이루는 하나의 본질이라고 생각해 보세요.
* 세상에 완벽한 사람은 없어요. 내가 어찌할 수 없는 것도 있다는 사실을 받아들이고 내가 할 수 있는 것에 집중해 보세요.

내면을 성숙하게 하고
건강한 자아를 만드는 작은 습관

강지훈 | 한국상담심리치료센터 대표

매일매일 나의 감정을 기록하고
또 그것들을 다시 들여다본다는 것은
자신을 성찰하고 통찰을 키우는 하나의 과정이에요.
그렇게 하지 않는 사람에 비해
당연히 내면이 훨씬 성숙해지죠.
결국 이런 사람이 매력적으로 보일 수밖에 없어요.

최설민 주변에 보면 이렇다 할 이해관계가 얽혀 있지도 않은데 왠지 모르게 거리를 두게 되는 사람이 있는가 하면, 반대로 항상 편안하면서도 밝은 분위기를 풍기는 매력적인 사람들도 있어요. 그런 사람들의 대화나 행동, 표정이 참 좋아 보여서 부럽기도 하고 어떻게 하면 그들처럼 될 수 있을지 생각해 보기도 하는데요, 그들만의 공통적인 행동이나 특징이 있을까요?

24

강지윤 사람마다 매력적으로 느끼는 상대가 다를 수 있는데요, 저는 자기가 할말을 상황에 맞게 잘 표현하는 사람이 매력적이라고 생각해요. 다른 사람에게 잘 보이기 위해서, 혹은 다른 사람의 눈치를 살피느라 마음에도 없는 말을 하는 게 아니라 당당하고 솔직하게 자기의 생각을 이야기하고, 또 자기가 들어줄 수 없는 부탁이나 요구에 대해서는 적절하게 거절도 잘하는 사람이죠.

최설민 그런데 그렇게 솔직하게 말하고, 거절도 잘하다 보면 자칫 이런 행동이 누군가에게는 예의가 없다거나 비호감으로 느껴질 수도 있지 않을까요?

강지윤 물론 그렇게 받아들이는 사람도 있을 수 있는데 그런 경우는 자아가 조금 건강하지 않은 사람일 수 있어요. 중요한 것은 자기표현을 그때그때 하지 못하면 그것들이 내 안에서 부글부글 끓어 넘쳐서 분노나 우울, 불안으로 변질되는 경우가 많다는 거예요. 그래서 타인을 의식하거나 눈치 보지 않고 내가 느끼고 생각한 그대로를 솔직하게 표현하는 게 좋아요. 다만 타인에게 해가 되지 않는 선에서 해야겠죠. 이때 필요한 게 '부드럽지만 단호한' 표현이에요. 어떤 상황에서든 부드럽지만 단호하게 나의 생각을 이야기할 수 있어야 자아를 건강하게 지킬 수 있어요.

최설민 '부드럽지만 단호하게'라는 말 자체가 상충하는 부분이 있는 것 같아요. 그런데 왜 '부드럽지만 단호하게' 말하지 않으면 자아를 지키지 못하게 되는 거죠?

강지윤 자아가 건강하다는 것은 어릴 때부터 가정 환경이나 부모의 양육 태도와도 관계가 있어요. 우리의 몸과 마음이 성장하면서 자아도 함께 성장하게 되는데, 그 과정에서 가령 '너는 왜 그렇게밖에 못해?', '너는 왜 그따위야?'라는 식의 부정적인 피드백을 반복적으로 듣게 되면 자아가 건강하게 성장하기가 어려워요.

또 부모에게 나의 생각이나 의견을 솔직하게 표현했을 때 부모가 나무라거나 혼내는 식의 매우 부정적인 반응을 보인다면 이 아이는 성인이 되어서도 타인의 눈치를 보게 돼요. 내 주위에 있는 모든 사람이 나를 혼내고 나무라고 핀잔을 주던 부모처럼 느껴져서 꼭 해야 할 말도 하지 못하게 되는 거죠. 밖으로 표현하지 못한 말들이 내 안에 갇힌 채 부글부글 끓어오르면 끝내 내 안에 건강하지 못한 자아상이 쌓이게 되는 거예요.

자아가 건강할 때 빛나는 내 안의 보석

최설민 그러면 지금껏 그렇게 건강하지 못한 자아상으로 세상을 살아온 사람은 앞으로도 그렇게 살아가야만 하는 건가요? 아니면 이제라도 편안하고 솔직하고 당당하게 자기 표현을 하는 매력적인 사람으로 변화할 수 있을까요?

강지윤 얼마든지 가능하고, 또 반드시 그렇게 되도록 스스로 노력해야 해요. 한 번밖에 주어지지 않은 인생인데, 그 긴 인생 동안 늘 주눅 든 채 타인의 시선을 의식하며 살아갈 수는 없잖아요. 그렇게 불행하게 살기보다는 어떤 상황에서든 행복하고 건강하게 잘 살고 싶은 게 모두의 바람일 거예요. 그런데 계속해서 건강하지 못한 자아를 끌어안고 있으면 진정한 나의 인생을 살아가기가 어려워요. 그래서 더더욱 자신의 자아를 업그레이드하는 경험을 갖는 게 좋아요.

실제로 심리치료 현장에는 자아가 완전히 무너진 채 슬프고 외롭고 우울하고 불안에 떠는 사람들이 대부분이에요. 수십 년간 그들을 지켜보면서 확인하게 된 것 중 하나는 심각한 심리적 병증을 앓았던 사람이 서서히 치유가 일어나면 자기 자신에 대해 자각하고 통찰하는 경험을 하게 된다는 거예요. '이 정도면 나도 괜찮구나. 다른 사람들이랑 나랑 비교하면서 내가 엄청 못났다고 생각했는데 아니구나. 다른 사랑이랑 나랑 크게 다를 게 없네'라고 생각하며 자기가 가지고 있던 부정적인 이미지를 수용하게 되는 거죠. 자각이 일어나면 그 사람이 원래 가지고 있던 반짝이던 것들이 비로소 겉으로 드러나기 시작해요.

최설민　어떤 사람이라도 분명 자기 마음 안에 반짝이는 무언가를 가지고 있는데 자아가 건강하지 못할 때는 그게 드러나지 않고 있다가 자아가 회복되면 그때 서서히 드러나는 거군요?

강지윤　그렇죠. 누구나 보석을 가지고 있는데 그것이 진흙 속에 묻혀 있어서 자기 자신도 알아차리지 못하고, 주변 사람들 역시 그 사람의 진흙만 보는 거죠. 그 진흙을 살짝만 걷어내면 그 사람의 눈부시게 반짝이는 매력이 드러나기 시작하면서 어느 순간 전혀 다른 사람으로 변화해 있는 경우가 아주 많아요. 사실 우리나라는 감기로 병원을 찾는 것처럼 큰 고민 없이 심리 상담을 하러 찾아오는 사람들의 수가 여전히 적어요. 그렇다 보니 가벼운 문제로 찾아오는 분들은 거의 없고 대개가 심각한 문제를 안고 오는 분들이에요.

일례로 대면하자마자 온몸과 영혼이 슬픔으로 가득하다는 게 느껴질 정도로 힘든 분이 있었어요. 그분은 어렸을 때 너무 큰 상처를 받았는데, 그로 인해 삶을 무의미하게 느끼게 되었고 그런 무의미한 삶을 더 이상 지속할 이유가 없다는 극단적인 생각으로 모든 것을 정리하고 마지막으로 저를 찾아온 거죠. 심리 상담을 이어가면서 지금껏 자기 자신이 못났다고 생각하고 발견하지 못했던 자기 안의 반짝이는 것들을 순간순간 인식하기 시작했고, 그런 깨달음의 시간을 반복적으로 마주하면서 상담 전과는 전혀 다른 아주 건강한 자아를 되찾았어요.

최설민   그런데 말씀하신 것처럼 여러 가지 이유로 선뜻 심리상담사를 찾아가기가 쉽지 않은 사람들이 많잖아요. 그렇다고 아무것도 하지 않으면 증세가 더 심각해질까 봐 불안할 수도 있을 것 같아요. 상담을 받지 않고도 혼자서 어떤 훈련이나 연습을 통해 바뀔 수 있는 방법은 없을까요?

강지윤   물론 있어요. 심리적으로 문제가 있다고 해서 모든 사람이 다 심리 상담을 받는 건 아니니까요. 사람마다 느끼는 불편감도 다르고, 또 심각한 증상이 있는 사람도 있고 가벼운 정도인 사람도 있으니까요. 예를 들어 늘 자기 자신이 부족하다거나 못났다고 느끼긴 하지만 그렇다고 해서 특별히 심리적 병증이 있는 건 아니라면 대부분 심리 상담을 받지 않아요. 그러면 이런 사람들은 어떻게 해야 할까요?

가장 손쉽게 할 수 있는 방법 중 하나가 일기 쓰기예요. 글로 쓰기가 힘들다면 그림으로 표현해도 괜찮아요. 그림으로든 글로든 매일매일 자기 내면의 감정들을 옮겨보는 거예요. 이것을 '감정 일기'라고 하는데, 감정 일기는 오늘 내가 느꼈던 감정만을 기록해요. 예를 들어 회사에서 핀잔을 들었는데 그때 내 기분이 어땠는지 그것만 기록하는 거예요. 한 줄이 될 수도 있고, 한 페이지가 될 수도 있겠죠. 그렇게 기록한 일기를 일주일에 한 번씩 앞에서부터 소리내어 읽어봐요. 이때 일주일 전에 느꼈던 감정이 그대로 남아 있는 경우도 있지만 대개는 '아, 내가 별것도 아닌 걸로 기분이 상했었네'라면서 어떤 깨달음을 경험하게 돼요.

내 감정을 살피는 작은 습관이 만들어내는 놀라운 변화

최설민 나의 지금 감정과 과거 감정을 서로 비교하고 판단하면서 그 변화를 알아차리고 깨달아가는 과정인 거네요.

강지윤   맞아요. 아주 정확하게 말씀해 주셨어요. 과거의 부분 부분들이 쌓여 현재의 우리를 만들어요. 그런데 하늘이 무너질 것처럼 비참하고 죽고 싶었던 기억이라도 시간의 흐름에 따라 '별거 아니었네' 하는 생각이 드는 순간이 찾아와요. 그런 깨달음이 반복되면 앞으로 일어날 일에 대해 크게 불안해하지 않을 수 있어요. 좋은 차를 타고 넓은 집에 살고 돈을 많이 벌어야 행복감을 느끼는 게 아니라 바로 그런 깨달음과 성찰이 그 사람을 성장하게 하고 그 사람의 삶을 풍성하게 만들고 그 사람에게 행복감을 주는 거예요.

최설민   지금 내가 느끼는 불안감이나 부정적인 감정이 내일이면 굉장히 사소해질 수도 있다는 것을 깨닫는 것만으로도 부정적인 감정에 대처할 매우 다양한 수단과 생각이 열릴 것 같습니다. 그런데 글로 감정을 표현하는 게 어려워서 그림으로 기록하고 싶은 분들도 있을 텐데, 그림으로 감정을 표현할 때는 구체적으로 어떻게 해야 할까요?

강지윤   예를 들어 오늘 하루 종일 나의 행동을 지적하고 면박을 준 꼰대 상사 때문에 짜증이 폭발했다면 그 기분을 그림으로 표현하는 거예요. 그 상사를 자신이 가장 싫어하는 괴물이나 동물로 표현할 수도 있고, 거기에 간단하게 '괴물'

이라거나 '우주로 보내버리고 싶다'라는 단어를 적어놓을 수도 있죠. 낙서처럼 유치하게 표현해도 상관없어요.

이런 기록은 나의 감정을 표출하는 것뿐만 아니라 그 감정을 과거로 흘려보내는 과정이기도 해요. 현재의 내가 그 흘려보낸 감정을 되돌아봤을 때 '그때 내가 이런 감정이었구나' 하고 자기의 감정을 조금 더 객관적으로 들여다보게 돼요. 그렇게 그때의 내 감정을 풀어내고 나면 더 이상 분노 감정이 남아 있지 않아서 밉기만 했던 상사의 행동이 조금은 이해되기도 하고 한편으로는 '그 사람도 얼마나 힘들까?' 하는 측은한 생각이 들 수도 있어요. 그렇게 사람 사이의 이해가 더 풍성해지면 자기 마음도 편안해지고 행복감을 느끼게 되는 거죠.

최설민 　당장이라도 실천할 수 있는 실질적인 방법이라 바로 스케치북이나 연습장만 있으면 얼마든지 자기의 감정을 표현해 보는 연습이 될 것 같습니다. 독자분들도 지금 당장 아무 노트나 꺼내놓고 그림으로든 글로든 자기의 감정을 한번 표현해 보시면 좋을 것 같아요.

강지윤 　맞아요. 누구나 쉽게 활용할 수 있는 방법이에요. 그리고 그렇게 기록하고 한 달 뒤 혹은 일 년 뒤 다시 꺼내어 그때의 감정을 재현해 보는 거예요. 그러면 '그때 내가 이런 것 때문에 좀 힘들었구나' 하면서 현재의 내가 과거의 나를 다독여줄 수 있어요. 지금의 나는 일기를 썼던 과거의 나와는 또 다른 마음 상태가 되어 있기 때문이에요. 조금 더 성장했을 수도 있고, 조금 더 여유로워졌을 수도 있죠.

내가 느낀 순간순간의 감정을 말로 하면 그냥 흘러가버리지만 어떤 방식으로든 기록으로 남겨두면 나를 성장시키고 치유하는 나만의 자산이 될 수 있어요. 심리치료 현장에서도 내담자들에게 감정 일기를 쓰도록 하고 또 그것들을 계속 모아두라고 말해요. 한 번씩 과거의 어느 시점으로 돌아가서 그때의 내 감정을 다시 들여다보게 하는 거죠. 혹시 또 다시 힘든 일이 생겼을 때 과거의 감정과 현재의 감정을 비교해 보면서 조금 더 성장한 지금의 내가 나를 위로할 수도 있기 때문이에요.

사실 저도 중학교 때 자살 충동을 느낄 정도로 우울증이 심했던 경험이 있어요. 매우 내성적이어서 친구도 잘 사귀지 못했죠. 그때 수필, 시 가리지 않고 정말 많은 글을 썼어요. 지금 생각해 보면 글쓰기가 그때의 저를 살렸다는 생각이 들어요. 눈물로 쓴 그때의 글들을 보면 유치하기 짝이 없기도 하지만 '아, 이때 내가 이랬구나. 내가 이런 애였구나' 하면서 과거의 나를 이해하고 위로하게 되죠. 심리 상담을 받는 분들이 아니더라도 감정 일기는 꼭 써보기를 권해드려요. 꾸준히 써보면 제가 말한 효과를 실감할 거예요.

최설민 그런데 평소 일기를 쓰지 않다가 갑자기 일기를 쓰려고 하면 막연하고 부담스러울 수도 있을 것 같아요. 그런 분들을 위한 실질적인 방법이 있을까요?

강지윤 이럴 때 문명의 이기를 이용하면 좋죠. 요즘 누구나 스마트폰 가지고 있잖아요. 전화기에 있는 메모 앱을 이용해서 그때그때 떠오르는 생각이나 감정을 적어두는 거예요. 너무 바쁘고 분주해서 길게 표현하지 못할 때는 단어를 나열하는 것만으로도 충분해요. 예를 들어 친구-슬픔, 승진-해피, 회사-화남… 이런 식으로만 기록해도 그것을 다시 봤을 때 본인은 그때의 내 감정을 충분히 떠올릴 수 있어요. 손쉽게 할 수 있는 방법이죠.

특히 완벽주의적 성향이 있는 분들은 사실 무엇이든 쉽게 시작하지 못해요. 제대로 해야 한다는 마음이 앞서기 때문이에요. 그래서 그런 분들일수록 이렇게 한 단어 혹은 한 문장 정도로 그때그때 나의 감정을 기록하면 조금 더 쉽게 감정 일기를 쓸 수 있죠. 매일매일 나의 감정을 기록하고 또 그것들을 다시 들여다본다는 것은 자신을 성찰하고 통찰을 키우는 하나의 과정이에요. 당연히 그렇게 하지 않는 사람에 비해 내면이 훨씬 성숙해지기 때문에 결국 이런 사람이 매력적으로 보일 수밖에 없다고 생각합니다.

최설민 감정 일기를 쓰는 행위가 단순히 뭔가를 기록하는 것에서 그치는 게 아니라 과거의 나를 통해 자신을 통찰할 수 있는 기회가 된다는 말씀인 거군요. 구체적으로 길게 일기를 쓰려면 사실 좀 힘들고 귀찮기도 한데 화려한 미사여구나 장황한 표현을 생략한 채 이렇게 쓰면 누구나 쉽게 감정 일기 쓰기를 시도해 볼 수 있지 않을까 합니다.

놀심의 한 줄로 배우는 심리학

* 지나치게 타인의 감정을 살피느라 애쓰지 마세요. 건강한 자아를 위해 정작 살펴야 하는 건 내 감정이에요.
* 진흙에 덮여 있어 알아차리지 못할 뿐, 누구나 보석을 가지고 있어요. 진흙을 살짝 걷어내는 노력만으로도 빛나는 보석을 찾을 수 있습니다.

예민한 사람들이 주눅 들지 않고
인간관계 맺는 방법

예민한 사람들은 대개 자기표현을 잘 못해요.
표출하지 못한 만큼 머릿속이 복잡해지죠.
그때그때 가뿐하게 자기표현을 해야
나의 속내가 뒤엉키지 않고 편안해지고,
내 정신 건강이 회복되어야 다른 사람과도
건강하게 관계를 맺을 수 있어요.

장성숙 | 가톨릭대학교 심리학과 상담 전공 명예교수

최설민 자신의 예민한 성격 때문에 일상에서 적잖이 불편함을 겪는다고 말하는 분들이 꽤 많은 것 같아요. 교수님께서 쓰신 『멍에를 벗어나기 위한 여정』이라는 책에 등장하는 주인공 역시 매우 예민한 성격의 캐릭터처럼 느껴지거든요. 그런데 사실 예민하다는 것의 기준을 어디에 둬야 할지 모호할 때가 많아요. 예민한 사람들만이 가지고 있는 특징이 있을까요?

장성숙 다 그런 건 아니지만 마음이 여리거나 소심한 사람들이 예민한 경우가 많아요. 그런 사람들의 특징 중 하나가 자기의 감정이나 생각을 밖으로 드러내지 못하고 안으로 삭이면서 오만 가지 생각을 하는 것이거든요. 그러다 보니 머릿속이 늘 복잡하고, 머릿속이 복잡하니 그만큼 밖으로 드러나는 행동은 굼뜰 수밖에 없어요. 속이 복잡한 만큼 외형적으로는 우유부단한 특성을 보이죠.

최설민 그런 예민한 성격은 선천적으로 타고나는 건가요, 아니면 후천적으로 만들어지는 건가요?

장성숙 무 자르듯 한마디로 단정하기는 어려워요. 심리학에서도 생득적이냐, 후천적이냐 하는 문제는 여전히 논란의 여지가 아주 많아요. 그것을 두고 논쟁하는 것 자체가 진부한 일이다 보니 요즘에는 그냥 각자의 생각대로 생득적인 요인이 많다 또는 후천적인 요인이 많다고 주장하는데, 그만큼 한마디로 정의하기가 어려운 문제인 거죠.

그렇기는 해도 심리학자들은 그 예민함을 가능한 한 성장 과정에서 영향을 많이 받는 후천적인 결과라고 보는 편이에요. 그래야 개선의 가능성을 볼 수 있거든요.

나는 얼마나 잘 삐지는 사람인가

최설민 그러면 여기서는 후천적인 영향이 크다는 쪽에 초점을 두고 이야기를 나눠보는 게 좋을 것 같습니다. 나 스스로 내가 예민한 사람인지 아닌지를 파악해 볼 만한 방법이 있을까요?

장성숙 내가 예민한지 아닌지를 알 수 있는 가장 단순하고 쉬운 방법은 내가 얼마나 잘 삐지는 사람인지를 살펴보는 거예요. 그러면 나의 예민함이 가늠돼요. 주변에서 시끌시끌하게 굴어도 그러려니 하고 넘기는 사람은 무던한 사람이고 주변이 원활하지 않을 때 '내 탓인가?', '나를 무시하는 건가?' 하며 끊임없이 궁리하는 사람은 늘 머릿속이 복잡하고 그런 만큼 밖으로는 예민하게 나타나죠.

갑자기 욱하는 사람들도 화가 많기보다 예민해서 그렇다고 볼 수 있어요. 욱한다는 것은 예민한 사람들이 평소 자기 할 말을 그때그때 표현하지 못하고 꾹꾹 누르고 있다가 그게 턱까지 차오르면 더 이상 견디지 못하고 자기도 모르게 폭발하는 거예요. 잘 모르는 사람이 보면 '화가 많은 사람인가?' 하고 오해할 수도 있는데 제때 자기표현을 하지 못하고 참았던 게 폭발해서 그런 거예요.

최설민 그러면 자기가 예민하다고 판단이 되면 스스로 변화를 찾을 수 있을까요? 변화가 가능하다면 어떻게 해야 조금이라도 예민함을 떨쳐내고 편안해질 수 있을까요?

장성숙 당연히 스스로 변화하려고 노력해야죠. 예민한 사람들의 공통적인 특징이 평소 자기표현을 잘 안 하고 속으로 쌓아두는 거잖아요. 표출하지 못하고 계속 눌러두기만 하면 그만큼 머릿속이 복잡하고 생각이 많아지죠. 예민함을 탈피하려면 그때그때 아주 가뿐하게 자기표현을 하는 연습을 해야 합니다. 가뿐하게 한다는 것은 너무 무겁거나 엄숙하게 하는 게 아니라 살짝살짝 가볍게 터치하듯이 자기표현을 하는 거예요. 그러면 내 안에 독소 같은 것들이 쌓일 일이 없죠.

또 그렇게 표현하는 것을 반복하다 보면 내 생각을 표출해도 크게 결례가 되지 않는다거나 지구가 폭발하는 것도 아니라는 것을 확인하게 되면서 조금씩 표현이 대담해져요. 자기표현을 할 때마다 주변에서 뭐라고 하면 위축되지만, 그와 달리 사람들이 '맞아, 그럴 수 있겠다'라거나 '미안해. 네가 그렇게 생각하는지 몰랐어'라는 식의 반응을 보이면 스스로 나 자신을 신뢰하게 되면서 내 감정이나 생각에 자신감이 생겨요. 내 생각과 표현이 합당하다는 것을 확인하면서 표현이 점점 더 자유로워지는 거죠.

최설민　그러면 결국 예민하거나 까칠한 사람들은 말하는 방식에 문제가 있어서 그런 거라고 볼 수 있을까요?

장성숙　말하는 방식의 문제라기보다 자기표현을 했을 때 주변 사람들이 핀잔을 주거나 윽박지르거나 무시하는 식의 반응을 보이거나 또는 자기표현으로 인해 오히려 불이익을 받는 식의 경험을 하면 자기도 모르게 자신을 자꾸 억압하게 돼요. 그러면 억압한 만큼 내 속이 시끄러워지고, 그러면 그럴수록 밖으로는 예민하게 드러나는 거죠.

최설민　예민함에서 벗어나기 위해서는 가뿐하게 말하는 게 중요하다고 말씀하셨는데, 어떻게 하면 가뿐하게 말할 수 있는지 구체적인 방법이 있을까요? 가뿐하게 말하는 게 자칫 무례하게 보일 수도 있을 것 같거든요.

장성숙　예를 들어 자녀를 키울 때 너무 엄하게 키우거나 비난을 일삼지 않도록 신경을 쓰면 그 아이들은 자기표현을 하는 데 있어서 상당히 자유로운 사람으로 성장해요. 그런데 이미 어른이 되어버린 뒤 자기가 예민하다는 것을 알게 된 경우라면 나를 받아줄 수 있는 사람, 즉 내가 어떤 표현을 해도 곁에서 '그래그래' 하고 응수해 주는 사람이 곁에 있으면 가장 좋아요.

그런데 그 역할을 배우자나 친구가 하기는 쉽지 않죠. 그럴 때는 전문적으로 도와주는 사람, 즉 상담사가 그 역할을 대신해 줄 수 있어요. 상담사와 함께 이야기를 주고받으며 연습을 하면 서서히 자신감이 생기고, 그 자신감으로 일상에서 그때그때 즉각적으로 자기표현을 하는 연습을 병행하다 보면 차츰 자기표현이 쉬워지고 예민함에서 벗어날 수 있게 되죠.

최설민 　상담을 통해 자기표현을 연습하다 보면 내 안에 쌓여 있는 욕구나 감정을 해소하게 됨으로써 조금이라도 예민함에서 벗어날 수 있게 된다는 말씀인 것 같습니다. 그런데 우리 주변에는 상담받는 일이 어려운 분들도 많잖아요. 그런 분들에게는 어떤 방법이 도움이 될까요?

장성숙 　상담사를 통해 자기표현을 연습하는 것은 표현이 서툴

러서 자꾸 말하기를 억제하는 사람들을 위한 일종의 중간 과정이에요. 상담사와 연습을 거친 뒤 그것을 일상생활에서 일반화시키는 거죠. 그런데 상담을 받기가 어려우면 사실 그 역할을 대신해 줄 수 있는 사람이 현실적으로 잘 없어요. 배우자나 친구가 마냥 받아줄 리는 없거든요. 안전한 대상과 연습하는 게 필요한데 그 역할을 대신해 주는 사람이 바로 상담사예요.

요즘에는 무료 상담 기관도 아주 많아요. 자기 여건에 맞는 곳을 선택하고 찾아가면 돼요. 그리고 용기를 내서 내 안의 이야기를 표현해 보는 거예요. 표현이 서툴고 두서없어도 상관없어요. 그분들은 늘 내 이야기를 들어주고 받아줄 준비가 되어 있는 사람들이니까요. 상담사와 반복해서 내 안의 이야기를 하다 보면 자기표현에 자신감이 생기고 일상에서도 어렵지 않게 적용할 수 있죠.

내가 건강해야 타인과의 관계도 건강하다

최설민 예민한 사람이 다른 사람들과 자연스럽게 어울리며 잘 지낼 방법이 있을까요?

장성숙 '사람들과 어울린다'는 것은 예민한 사람들이 마지막으로 통과해야 하는 관문 같은 거예요. 그러니까 일종의 '결과'인 셈이죠. 예민한 사람들에게는 다른 사람과 잘 어울린다는 게 가장 어려운 일이에요. 그렇기 때문에 나 자신이 어느 정도 건강을 회복해야 마지막 시험대인 타인과의 관계 속으로 들어갈 수 있어요. 예민한 상태에서 다른 사람과 잘 지낸다는 말 자체가 어폐가 있는 거죠. 사람들과 잘 어울리기 위해서는 우선 나 자신이 건강해야 해요. 여기서 말하는 건강함이란 내 생각과 감정을 마음 안에 쌓아두지 않고 그때그때 가뿐하게 표현할 수 있을 정도가 되어야 한다는 말이에요.

그다음에는 무례하거나 이기적이거나 말이 많은 등 다양한 유형의 사람들 속에서도 위축되지 않을 수 있어야 해요. '저 사람은 어떤 아픔(혹은 문제)이 있어서 저렇게 행동할까?' 하고 상대방을 이해하면 설령 그가 무례한 언행을 했더라도 그것이 나에 대한 공격이 아니라 그 사람이 어떤 아픔(문제) 때문에 그런 거라며 상황을 그 사람의 문제로 돌릴 수 있어요. 그래야 그 사람을 객관적으로 바라보고 나아가 그 사람에 대한 측은지심도 생겨날 수 있는 거죠.

내가 건강해지고 상대에 대한 이해를 갖췄는데도 사람들이 무례하게 행동한다면 그런 사람들과는 너무 가까워지지 않도록 거리를 두는 것도 하나의 방법이에요. 자기 멋대로 찧고 까불던 사람도 상대방이 거리를 두면 제풀에 꺾이기 마련이니까요. 그러면 그때 거리를 조금 좁혀보는 거예요. 그렇지 않고 무턱대고 처음부터 가까이 다가가려고 하면 내가 다칠 수밖에 없어요.

정신 치료를 할 때도 내담자와 관계를 잘 맺는 방법은 아주 단순해요. 밖에서 사람들이 그를 환자로 여길 때 치료자는 그를 건강한 사람으로 취급하는 거예요. 그러면 내담자의 기분이 아주 좋아져서 치료자에게 마음을 활짝 열게 돼요. 반대로 다른 사람들이 내담자를 정상으로 취급할 때 치료자는 그를 환자로 취급해요. 다른 사람들이 그를 정상으로 취급한다는 것은 그에게 높은 기대감을 갖고 있다는 것을 뜻해요. 기대가 큰 만큼 힘들 수밖에 없죠.

치료자가 내담자를 환자로 취급한다는 것은 그에게 큰 기대감이 없다는 걸 의미해요. 상대방이 나에게 별다른 기대를 하지 않으면 누구나 마음이 편해질 수밖에 없죠. 그러니까 내담자 입장에서는 자기에게 아무런 부담을 주지 않는 치료자를 좋아할 수밖에 없는 거죠.

최설민　그렇게 생각해 본 적은 없는 것 같은데, 말씀을 듣고 보니 충분히 그럴 수 있겠다는 생각이 듭니다. 사실 예민할수록 자기의 속내를 잘 드러내지 못하잖아요. 그런 사람들이 조금 편하고 쉽게 자기 속내를 표현할 방법이 있을까요?

장성숙　자기 속내를 잘 말하지 못한다는 것은 다르게 말하면 자기 속에 화가 많다는 거예요. 그래서 과도하게 예민하든 아주 강박적이든 드러나는 양상은 각기 달라도 그 기저에는 공통적으로 화가 있어요. '화'라는 것은 어떤 이유로든 개인이 하나의 생명체로서 쾌적하게 살고 싶은 욕구가 좌절되었을 때 생겨나는 감정이에요. 가령 부모가 불화하거나 이혼했거나 그러면 자녀들은 자기가 원하는 쾌적한 환경 속에서 살지 못해요. 그런 것에 대한 불만이 화라는 감정으로 자리 잡고 있다가 각기 예민한 사람, 까칠한 사람, 식탐이 많은 사람 등의 다양한 형태로 표출되는 거죠.

특히 예민한 사람들은 그런 화를 용기 있게 밖으로 드러내지 못하고 그저 혼자 속을 끓이며 내 안에 꾹꾹 누르고 있어요. 이런 분들은 대개 수동공격성을 가지고 있죠. 수동공격성은 내 속에 화가 있는데 과감하게 터뜨리지 못하고 속을 끓이면서 자기 자신을 쥐어뜯는 형태를 말해요. 이런 분들은 어떻게든 그때그때 자기표현을 함으로써 자기의 감정을 환기해 주는 게 건강해질 수 있는 좋은 방법이에요. 정신 건강은 환기와 비례한다고 말하기도 하는데, 내 감정을 스스로 환기해야 나의 속내가 뒤엉키지 않고 정리되어 편안한 상태를 유지할 수 있죠.

최설민 그러면 그 대상이 꼭 상담자가 아니더라도 누구에게든 그때그때 즉각적으로 나의 생각이나 감정을 표현하는 게 나의 정신 건강을 위해 도움이 되는지 궁금합니다.

장성숙 우리가 그때그때 자기표현을 할 때 상대방이 이를 받아준다면 더할 나위 없이 좋겠지만 상대방이 성숙하지 않은 사람이라면 받아주지 않을 수도 있겠죠. 그렇더라도 나는 말을 통해 나의 감정이나 생각을 배설했으니 적어도 내 안에 독소가 쌓이지는 않겠죠. 그래서 불만이나 불편한 감정을 속에 담아두지 말고 그때그때 가볍게 표현하는 것을 연습하는 거예요.

최설민 지금껏 불편한 감정이나 불만을 상대방에게 말하지 않고 참는 게 서로를 위하는 일이라고 생각해 온 분들이 많을 것 같아요. 저도 그렇고요. 그런 통념을 깨고 상대방에게 내 속내를 솔직하되 가볍게 표현하는 게 오히려 서로를 위해 도움이 될 수 있다는 말씀인 거네요.

장성숙 그렇게 표현하면 일단 내 속이 편해지고, 또 상대방도 미처 생각하지 못한 부분을 알게 되었으니 앞으로는 무례하게 행동하지 않으려고 조심할 수도 있겠죠. 정신 건강은 얼마나 자유롭게 자기표현을 하느냐와 비례한다고 해도 과언이 아니에요. 정신이 건강한지 아닌지는 결국 내 감정을 스스로 얼마나 잘 환기하느냐에 달려 있어요.

놀심의 한 줄로 배우는 심리학

* 자기표현이 서툴다면 연습이 필요해요. 내 정신 건강이 회복되어야 사람들과도 잘 지낼 수 있습니다.
* 무조건 참는 게 능사는 아니에요. 솔직하게 나의 속내를 표현하는 게 오히려 서로에게 도움이 될 수 있습니다.

주변 자극에 쉽게 영향받는
사람들을 위한 쉽고 단순한 루틴

김병수 | 김병수정신건강의학과의원 원장

우리는 빠르고 복잡한 세상에 살고 있어요.
거기다 내 삶까지 복잡하면 주변 자극에
대응하고 적응하기가 어려워요.
같은 시간에 자고 일어나기, 햇볕 쬐며 산책하기,
기분 일기 쓰기처럼 조절과 통제가 가능한
몇 가지 루틴을 잘 지키는 게 더 중요합니다.

최설민 일상을 살아가면서 감정의 변화가 전혀 없을 수는 없잖아요. 그런데 주변에 보면 감정 기복이 너무 심해서 스스로 힘들어하는 것은 물론이고 주위 사람들까지 힘들게 하는 사람들이 있어요. 우리는 보통 감정의 변화가 큰 사람들을 상대로 예민해서 그런 거라고 생각하는 경우가 많은데, 실제로 그런 사람들에게서 나타나는 공통적인 특징이 있을까요?

48

김병수 정신과적 용어로 뉴로티시즘neuroticism, 즉 신경증적 기질이라는 게 있습니다. 보통 감정 기복이 심하고 변화나 스트레스 상황에서 쉽게 자존감이 바뀌고, 스스로 잘 적응할 수 없을 것 같다는 부정적인 생각을 많이 하는 사람들을 상대로 신경증적 기질이 있다고 말합니다. 그런데 놀랍게도 인구의 15~20퍼센트 정도가 이런 기질에 해당한다는 조사 결과가 있어요. 열에 두 명 정도가 이런 기질을 가지고 있다는 거죠.

실제로 이런 분들은 감정 변화가 심하고 새로운 상황에 대처하는 것을 어려워하는 경우가 많아요. 그런데 이것이 꼭 단점으로만 작용하는 것은 아니에요. 작은 일에도 신경 쓰며 조심하게 되고, 또 변화에 민감하니까 자기 자신을 보호하거나 앞으로 닥칠 상황에 대처하기 위해 미리 준비하는 성향을 보이기도 하거든요. 그래서 이런 기질로 인해 괴롭기도 하지만 한편으로는 적응적 측면도 있습니다.

최설민 그러면 나는 물론이고 주변 사람들도 힘들게 하는 나의 성향이 신경증적 기질에서 비롯된 것인지 아닌지를 알아야 할 것 같은데요, 내가 신경증적 기질을 가지고 있는 사람인지 확인할 방법이 있을까요?

김병수 감정 변화가 많다거나 새로운 상황에 대처할 때 예민해지거나 불안감을 크게 느낀다면 다른 사람에 비해 조금 더 신경증적 경향이 있는 게 아닌지 생각해 볼 수 있어요. 하지만 그렇다고 해서 자신을 그런 사람으로 단정짓는 것은 그렇게 바람직하지 않습니다. 자기가 느끼는 것과 실제 전문가를 통해 측정하는 것의 결과가 다를 수 있기 때문이에요. 자기가 예민하다거나 신경증적 기질이 있다고 쉽게 단정하기보다는 '그런 측면이 조금 있을 수도 있구나' 하고 자신을 돌아보는 정도면 좋을 것 같습니다.

일상생활을 일정하게 유지하는 작은 습관의 힘

최설민 사람마다 다를 수 있겠지만 감정 기복이 심한 사람들은 특히 어떤 상황에서 그런 기질이 두드러질까요?

김병수 기분 변화나 감정 기복은 여러 가지 상황에서 일어날 수 있어요. 첫째는 아무런 이유 없이 누구나 정상적으로 감정 변화가 일어나는 거예요. 사람이 늘 일정한 기분일 수는 없거든요. 기분은 항상 변동성이 있어요. 다만 그 기분 변동성이 좀 더 큰 사람이 있고, 정상 적인 범위 내에서 움직이는 사람이 있는 거죠. 예를 들어 불안장애나 우울장애 혹은 조울증이 있는 사람들은 기분 변동성이 좀 더 큽니다. 아무런 이유 없이 기분의 진폭이 크게 나타나는 거죠.

둘째는 어떤 자극이 있을 때 기분 변화를 크게 느끼는 사람들이에요. 예를 들어 스트레스를 받거나 어떤 사건이 있으면 기분이 쉽게 우울해지고, 좋은 말을 듣거나 기쁜 일이 있으면 기분이 쉽게 고조되는 경우죠. 이런 사람들은 날씨에도 영향을 많이 받아요. 날씨가 좋으면 금방 기분이 좋아졌다가 비가 오면 쉽게 기분이 가라앉는 식인 거죠. 이렇게 자극에 따라 기분 변동성이 커질 수도 있고, 내재적으로 기분 변동성이 있을 수도 있어요.

하지만 감정 변화가 크다고 해서 그런 사람들이 모두 예민한 성격이라고 단정하기는 어려워요. 다만 예민한 성향 안에 기분 변동성이라는 하나의 축이 있는 것이고, 또 새로운 상황에 적응할 때 쉽게 불안해하고 고민하고 곱씹는 측면도 있는 것이죠. 기분 변동성은 예민한 것과 등치하는 게 아니라 하나의 부분에 해당하는 겁니다.

최설민 그렇다면 그런 기질적인 부분은 타고나는 거라고 봐야 할까요? 기질적으로 성격이 예민한 경우라면 일상생활 속에서 많은 불편함을 느낄 것 같아요.

김병수 신경증적 기질은 사실 70퍼센트 정도가 유전적이니까 기분 변동성이 크냐 작으냐 하는 것 역시 대부분 유전적으로 결정된다고 봐야죠. 감정 기복이 심하고 예민하고 쉽게 불안해하는 사람들 중에 어린 시절에도 좀 까다롭다는 이야기를 많이 들었다거나 사춘기 때 이유 없이 울적했다거나 잘 지내다가 갑자기 성격이 변했다고 말하는 경우가 많아요. 생물학적으로 타고난 요소가 있기 때문에 그런 특징이 드러났다고 볼 수 있습니다.

살면서 외부 자극에 따라 쉽게 기분이 바뀌고 불안감 등의 감정 변화를 많이 느끼는 사람들이 실제로 괴로움을 호소하는 경우가 많아요. 그 진폭이 좀 더 크면 불안증이나 우울장애로 이어지기도 합니다. 그런 경우에는 자기의 기분을 조절하고 모니터링할 수 있는 일종의 자기관리가 필요해요. 기분 변동성의 폭을 줄이기 위한 전반적인 노력이 필요한 거죠.

내재적으로 기분 변동성이 큰 사람들은 기분의 변화가 큰 만큼 에너지 소모도 많고 스스로 감내하기가 무척 어려울 수 있어요. 감정 변화가 크면 외부 대응이 너무 급격하거나 너무 위축되는 일이 생기니까 자기관리 노력을 더 많이 해야 하는 거죠. 가장 좋은 방법은 일상생활을 일정하게 유지하는 거예요. 정해진 시간에 자고 정해진 시간에 일어나고 정해진 시간에 음식을 섭취하는 게 기분 변동성을 잘 관리하는 첫 번째 방법입니다.

두 번째 방법은 일조량을 유지하는 거예요. 낮 동안에 일정하게 햇빛을 보고 활동적으로 움직이는 것은 기분이나 활력을 일정하게 유지하고 관리하는 아주 중요한 방법입니다. 이외에도 커피나 술, 약물 등으로 인해 기분 변동성이 커지기도 하기 때문에 이를 조절하는 것도 중요해요. 사람마다 스트레스를 받고 예민해지는 지점이 달라서 내가 어떤 부분에 좀 더 취약한지를 파악하고 스스로 관리하는 노력이 필요합니다.

그래서 저는 환자들에게 기분 일기를 쓰도록 권유합니다. 내 기분 변동을 매일매일 기록하는 거죠. 예를 들어 아주 기분이 좋았으면 '3점', 아주 기분이 나빴으면 '-3점', 이렇게 점수로 체크하고 그날그날의 기분이 어땠는지를 상세하게 기록하는 거예요. 그날 있었던 스트레스 상황이나 사건, 복용한 약, 수면 시간 등을 기록하고, 여성의 경우에는 생리주기나 호르몬제 등과 같은 약물 복용에 대해서도 상세하게 써놓음으로써 내 기분의 전체적인 패턴과 흐름을 모니터링하는 거예요.

그러면 내 기분이 어떤 상황에서 더 많이 바뀌는지, 어떤 사건이 생겼을 때 쉽게 우울해지고 불안해지는지를 스스로 파악할 수 있거든요. 그러고 나면 그런 유사한 상황에 놓였을 때 좀 더 조심하게 되고, 또 나를 유독 힘들게 했던 유사 사건이 발생하지 않도록 사전에 방지할 수 있는 거죠.

최설민 기분 변동성을 최소화하려면 규칙적으로 생활하고, 햇볕을 쬐는 활동을 많이 하고, 커피나 술, 약물을 조절하고, 기분 일기를 쓰는 등의 자기관리를 하는 게 도움이 된다는 말씀인 것 같습니다. 특히 기분 일기를 쓰는 게 많은 도움이 될 것 같은데요, 구체적으로 하루하루를 어떻게 기록하는 게 좋을까요?

김병수 제가 10여 년 전만 해도 조울증이나 우울증 관련 연구를 할 때 모두 손으로 썼어요. 그런데 요즘은 잘 만들어진

앱이 아주 많다 보니 대부분 그걸 이용하죠. 제 환자들도 앱을 이용해 기분 일기를 기록해 오는 경우가 많아요. 기분 변화와 관련된 여러 가지 요소들을 채우면 그에 따라 나의 감정 변화를 그래프로 나타내줍니다. 나의 기분이 어떻게 변동하는지를 추적하고 한눈에 파악할 수 있는 거죠.

내가 매일 쉽게 기록할 수 있고, 쉽게 관찰하고 관리할 수 있는 도구를 선택해 활용하면 꾸준히 할 수 있어요. 특히 평소 자신이 기분 변화가 좀 많거나 우울해지는 경향이 있거나 이유 없이 불안해지거나 예민하다는 생각이 든다면 일기 쓰듯이 매일 자기의 기분을 기록하고 관리하는 습관을 갖기를 적극 권합니다. 감정 변동의 폭을 줄이고 좀 더 편안한 마음 상태를 유지하는 데 아주 크게 도움이 될 거예요.

부정적인 감정도 삶의 원동력이 될 수 있다

최설민 살다 보면 보통사람들도 감정 변화가 크게 요동치는 순간들이 있잖아요. 가령 기분을 수치로 표현한다면 평소에는 '0'이었다가 한순간에 '-10'으로 변화하는 식으로 말이에요. 그럴 때는 어떻게 대처해야 할까요?

김병수 일상적인 기분 변동을 관리하는 것도 중요하지만 말씀하신 것처럼 기분이 극단적으로 우울해지거나 고조되는 되는 때를 대비해 어떻게 대처할지를 미리 알고 있는 것도 중요해요. 첫 번째는 스트레스를 받아 기분이 우울하고 무기력하다고 해서 평소의 일상을 무너트리면 안 돼요. 감정적으로 힘들다고 해서 늘 해오던 일들이나 자기관리의 습관들을 놓아버리면 오히려 더 심각한 우울증으로 빠져들게 되거든요.

살다 보면 누구나 우울해지거나 예민해지는 순간이 있어요. 그런데 그게 조금 심한 분들은 "힘들어. 짜증이 나서 아무것도 못 하겠어!" 하면서 평소 하던 일들을 내팽개치고 집에서 혼자 술을 마시면서 풀려는 경향이 있어요. 그런 건강하지 않은 습관으로 대응하면 감정 기복이 더 심해지고 더 우울해지는 상황이 펼쳐지죠. 기분이 조금 다운되더라도 아주 심각한 마음 상태가 아니라면 평소 나를 달래주고 기분 좋게 해주었던 게 무엇인지를 떠올려보고 그것을 꾸준히 유지할 필요가 있어요.

최근 들어 우울한 기분이 많이 든다면 평소에는 무엇을 했는데 요즘엔 뭘 하지 않고 있는지를 한번 비교해 보세요. 예를 들어 평소에는 반려견과 함께 산책을 많이 했는데 요즘엔 아무것도 하기 싫어서 집에 있는 시간이 길어졌다면 주저없이 이전에 하던 행동들을 다시 해보세요. 그러면 우울한 기분에서 쉽게 벗어날 수 있어요. 평소 나의 기분과 의욕을 조절해 주던 습관들을 잘 유지하겠다고 마음먹는 게 우선이에요.

두 번째는 그 상황을 더 나쁘게 하는 행동들을 하지 않는 거예요. 주로 회피행동이라고 하는데, 짜증이 나고 우울하고 예민한 감정을 달래기 위해 잘못된 행동 습관을 보이는 거예요. 대표적인 예가 음주예요. 술을 마시면 일시적으로는 위안이 되는 것 같지만 술에서 깨면 오히려 더 예민해지고 감정의 변동성이 더 커지죠. 또 다른 예는 비활동성이에요. 기분이 안 좋다고 커튼도 닫은 채 어두운 방 안에 혼자 있는 겁니다. 이런 회피행동이 나 자신을 더 힘들게 만든다는 것을 알아차리고 그런 행동을 멈추는 것만으로도 우울하고 예민한 상황에서 벗어날 수 있습니다.

최설민 　제 경우도 기분이 안 좋으면 밤새 잠 못 자고 끙끙거리며 고민하는 회피행동을 할 때가 있거든요. 그러다 보면 불면증으로 이어져서 낮밤이 바뀌기도 하고 일상이 불편해지는 악순환이 반복되는 것 같아요. 저와 비슷한 회피행동이 있는 분들은 어떻게 하면 그런 상황에서 벗어날 수 있을까요?

김병수　그런 경우 역시 기본적으로 일상을 건강하게 유지하는 습관을 지켜야 해요. 물론 "너무 힘들어서 못 해요"라고 말할 수도 있어요. 그렇더라도 최소한의 노력은 할 수 있거든요. 평소에 일정한 시간에 일어나고 샤워하고 산책하는 식의 아주 가볍게 할 수 있으면서도 나 자신을 건강하게 해주는 행동들의 목록을 만들어두고, 아무리 힘들어도 이 정도는 지키겠다고 자신과 약속하는 거죠.

예를 들어 밤에 잠을 못 잤다고 아침이나 낮에 자게 되면 일시적으로는 몸이 회복되는 것 같지만 생활 리듬이 불규칙해지면서 기분의 변동성이 더 커져요. 불면증이 심각해지지 않게 하려면 항상 일정한 기상 시간을 유지하는 게 가장 중요합니다. 설령 밤에 두세 시간밖에 못 잤더라도 정해놓은 시간에 일어나 활동하는 게 생활 리듬을 지키면서 기분의 변동성이 커지지 않게 하는 원칙입니다.

최설민　그렇게 나 자신을 건강하게 해주는 행동 루틴을 많이 만들면 한편으로는 그것 자체가 또 다른 스트레스를 만들 수도 있을 것 같아요. 그럴 때는 어떻게 조절하는 게 좋을까요?

김병수   말씀하신 것처럼 너무 복잡한 루틴이나 리추얼ritual은 도움이 되지 않습니다. 제가 환자들에게도 항상 삶 자체를 복잡하게 만들지 말라고 말합니다. 그렇지 않아도 우리는 너무 빠른 변화와 복잡한 사회 속에 살고 있어요. 거기다 내 삶까지 복잡하면 대응하고 적응하는 데 오히려 도움이 되지 않거든요. 그렇기 때문에 내가 일상에서 조절과 통제가 가능한 몇 가지 루틴을 잘 지키는 게 더 중요합니다.

최설민   예민해지지 않도록 하는 것만큼 스트레스를 잘 관리하는 것도 중요한 것 같아요. 그런데 사회의 구성원으로 살아가면서 스트레스를 전혀 안 받을 수는 없잖아요. 어떻게 스트레스를 관리해야 할까요?

김병수   스트레스 관리라고 하면 우선 정신적인 부분을 생각하는 분들이 많은데, 사실 육체적 관리가 핵심입니다. 자신의 생리적인 상태를 건강하게 유지하는 게 중요합니다. 기분이 좋다는 것은 기본적으로 나의 생리적인 상태에서 출발해요. 체력이 뒷받침되어서 크게 피곤하지 않은 상태가 유지되어야 활기가 있고 그것을 토대로 의욕과 기분을 쌓아가는 것이거든요. 그다음 중요한 게 수면, 식사 등의 건강한 생활 습관이고, 그다음엔 나를 건강하고 활기차게 하는 루틴이나 일상적 습관을 쌓아가는 거죠.

최설민 말씀하신 것처럼 여러 가지 것들을 지키며 살아가더라도 사이사이 부정적인 생각이 들 수도 있잖아요. 그런 부정적인 감정은 어떻게 조절해야 할까요?

김병수 자기의 부정적인 생각을 잘 알아차리는 게 중요해요. 우리 마음속에는 긍정적인 생각들도 있지만 불을 뿜는 용 같은 부정적인 생각들도 공존합니다. 그런데 무조건 그 용과 싸워 이기겠다고 덤벼들면 오히려 잡아먹히기 십상이죠. 또 부정적인 생각은 싸워 이기려고 하면 할수록 더 커지는 경향이 있어요. 가장 좋은 방법은 그 부정적인 생각이 주로 언제 출몰하는지를 관찰하는 거예요. 사람마다 부정적인 생각에 쉽게 휩싸이는 특정한 상황이나 취약한 부분이 있거든요.

여기서 중요한 것은 관찰을 통해 알아냈다고 해서 무조건 그 용을 없애겠다고 생각하면 안 된다는 거예요. 부정적인 생각이 나를 힘들게도 하지만 그렇다고 마냥 나쁘기만 한 건 아니거든요. 때로는 나를 주의시키기도 하고 경고 신호를 주기도 하기 때문에 그것의 실체가 무엇인지를 들여다보는 게 중요해요. 어디서부터 비롯되었는지를 들여다보면 어린 시절의 경험이나 과거의 실패, 슬픔과 관련이 있을 수도 있어요. 그렇게 부정적인 생각의 실체를 알게 되면 덜 두렵고, 또 그것을 통해 얻게 되는 것들이 있어요.

우리에게 있는 모든 감정은 나름의 역할이 있어요. 우울해지면 비관적인 기대에 빠지기도 하지만 반대로 현실을 냉정하게 바라보게 하는 장점도 있어요. 불안도 마찬가지예요. 불안하면 괴롭긴 하지만 스스로 좀 더 조심함으로써 큰 사고를 예방하게 하는 기능을 가지고 있어요. 그래서 그런 감정을 무조건 물리치려 하기보다 그것이 내게 가르쳐주는 게 무엇인지를 깨닫고 행동 변화로 이어지게 하는 게 중요합니다.

예민한 사람은 감정 변화가 심해서 괴롭기도 하지만 변화에 민감해요. 변화에 민감한 사람은 스트레스 상황에 있을 때 내가 어떻게 대처해야 하는지를 좀 더 많이 생각하고 대비하려는 습관이 있어요. 그래서 스스로 힘든 부분도 있지만 반면에 섬세하고 규칙을 잘 지키고 큰 사고를 치지 않아요. 항상 준비성이 있고 완벽해지려고 노력하죠. 이런 특징들을 잘 활용하면 스트레스에 잘 대응할 수 있을 뿐만 아니라 삶의 원동력으로 만들 수도 있습니다.

놀심의 한 줄로 배우는 심리학

* 나의 기분을 매일 기록해 보세요. 내 기분의 패턴을 모니터링하면 내 감정의 진폭이 언제 요동치는지를 알아차릴 수 있습니다.
* 부정적인 감정을 무조건 물리치려 하지 마세요. 그 실체를 파악하고 활용하면 삶의 원동력이 될 수 있습니다.

CHAPTER 2

세상에 나쁜 불안은 없다

불안감이나 우울감은 문제가 있는 게 아니라
누구나 느끼는 자연스러운 감정이에요.
이 감정이 불편해서 외면한다면 점점
감당할 수도, 해결할 수도 없는 문제가 됩니다.
불안감에 고통받는 나에게 "고생했어요"라고 말해주고
내 안의 불안감에도 손을 건네보세요.

아우라에 사로잡히지 않도록
열등감에서 벗어나는 방법

최명기 | 최명기정신건강의학과의원 원장

사랑이 유지되면 우리는 열등감에서 자유로워져요.
우리에게 가족이 소중한 이유도 그 때문이죠.
우리는 있는 그대로의 나를 인정해 주는
가족과 함께 있을 때 열등감을 느끼지 않아요.
열등감을 극복하기 위해 돈, 외모, 스펙을 좇는 것보다
더 중요한 것은 사랑할 대상이 있는 거예요.

최설민 특별한 게 없는 것 같은데도 유독 그 사람만의 아우라aura가 느껴지는 사람이 있는가 하면, 또 어떤 사람들은 잘생기고 멋지고 지적이고 화려한데도 아우라가 전혀 느껴지지 않는 경우도 있어요. 왜 사람에 따라 이렇게 다르게 느껴지는 걸까요? 평범한 사람도 노력을 통해 자신만의 고상하고 독특한 분위기와 품격을 자연스럽게 드러낼 수 있는 방법이 있을까요?

최명기   우리는 평범한 사람한테도 이미 충분히 아우라를 느껴요. 예를 들어 우리나라 대기업에 다니고 있는 어떤 사람이 있어요. 그는 본인에게 아우라가 별로 없다고 생각해요. 그런데 그가 졸업한 대학교에서 그 기업에 입사한 사람은 그 사람 한 명뿐이에요. 후배들은 전부 그에게서 아우라를 느껴요. 이처럼 아우라는 매우 상대적인 거예요. 그렇기 때문에 아우라를 만들기 위해서 내가 반드시 존경받을 만한 사람이 되어야 하는 건 아니에요. 아우라를 만드는 상당 부분은 우리의 위치와 능력이에요.

사실 아우라는 그 사람의 진실을 못 보게끔 만드는 일종의 심리적 베일이에요. 그래서 실제로 내가 누군가를 상대로 아우라를 느낀다는 것은 내가 매우 위험한 상태라는 걸 의미할 수도 있어요. 이를 바꿔 말하면 아우라를 느끼지 않는 게 오히려 정상이에요. 아우라 없이 그 사람을 꿰뚫어 보는 게 우리의 정상적인 인간관계인 거예요. 그렇기 때문에 내가 누군가를 상대로 아우라를 느낄 때는 두 가지 심리가 작용해요.

제 경우 미국에서 의사 면허를 딴 선생님을 상대로 아우라를 느꼈어요. 저도 미국에 가서 의사 면허를 따고 싶었거든요. 아우라를 가진 그 사람처럼 되고 싶었던 거예요. 의사 면허가 아우라의 수단이었던 거죠. 아우라를 느끼는 또 다른 이유는 나의 열등감 때문이에요. 그래서 자신의 열등감을 없애면 누구를 상대로도 아우라를 잘 느끼지 않게 돼요. 제 경우에는 서울대 출신이 아니라는 게 가장 큰 열등감이었어요. 그래서 저는 서울대 출신 인턴이 절반을 차지하고 있는 서울아산병원에 가서 인턴을 하고 싶었어요.

그런데 막상 가서 함께 일해 보니 서울대 출신의 동료 인턴들이 나보다 월등히 뛰어나지 않다는 걸 깨달았어요. 그러면서 서울대에 대한 환상이 깨진 거예요. 서울대에 대한 환상이 깨지니까 이번에는 미국 출신을 상대로 아우라를 느꼈어요. 미국에서 공부를 하면 열등감에서 벗어날 것 같았거든요. 실제로 미국에서 공부를 해보니 그것 역시 별것 아니라는 걸 깨달은 거죠. 그러고 나니까 제 우월감과 열등감이 사라졌고, 그 뒤로는 살면서 누군가에게 아우라를 느껴본 적이 없어요.

어떤 의미에서는 누군가를 상대로 아우라를 느끼고 나도 그렇게 되고자 노력하는 것 자체가 나쁜 것은 아니에요. 거기에 다다른다는 것은 결국 나의 열등감을 해결하는 방법이니까요. 열등감을 해결하는 데는 두 가지 방법이 있어요. 첫째는 제 경우처럼 열등감의 근원을 없애버리는 거예요. 둘째는 열등감을 느끼는 나의 심리 상태를 인지하고 깨달음으로써 바뀌는 것인데, 사실 이 방법은 쉽지 않아요.

열등감이 만들어낸 아우라의 함정

최설민　우리가 누군가를 상대로 아우라를 느낀다는 것은 우리 마음속에 무의식적으로 그 사람을 뛰어넘음으로써 나의 열등감을 없애고 싶은 마음이 있다는 말씀인 거네요?

최명기　맞아요. 노력하면 열등감에서 벗어날 수 있어요. 다만 이때 반드시 경계해야 하는 게 있어요. 누군가에게서 아우라를 느끼고 그 사람의 추종자가 되면 안 돼요. 그러면 결국 지배당하게 돼요. 누군가를 상대로 아우라를 느끼고 추종자가 된 사람은 그 대상의 부정적인 진짜 모습이 드러나면 또 다른 추종 대상을 찾아 나서요.

누군가에게 아우라를 느끼고 그 사람을 추종함으로써 나의 텅 빈 마음을 메우고 그 사람의 집단에 속함으로써 나의 열등감을 보상받고자 하는 마음이라면 누군가에게 아우라를 느끼는 것 자체가 매우 위험한 행위예요. 그것은 나 자신을 추종자로 만들고 타인의 도구로 만드는 일이에요. 그러면서 심리적으로 착취당하게 되고, 그 착취를 '그래도 그 사람은 훌륭한 사람이니까 뭔가 뜻이 있을 거야'라고 이해하게 돼요. 무조건적인 추종이 착각을 불러오는 거죠.

최설민　아우라를 풍기는 사람을 상대로 나의 편향적인 관점으로 그 사람을 바라보고 있다는 사실을 깨닫는 게 아주 중요한 포인트일 것 같아요.

최명기　맞아요. 우리는 대부분 다 평범한 사람이에요. 저 사람은 나와 다른 특별한 뭔가가 있을 거라고 생각할 필요가 없어요. 특히 50대를 대상으로 지능 검사를 하면 편차가 매우 적어요. 그래서 스스로 열등감을 가질 필요가 없어요. 우리가 흔히 이 시대에 진정한 리더가 없다고 말하잖아요. 그 이유는 이런 거예요.

예를 들어 책이나 방송을 통해서 볼 때는 리더같이 느껴졌는데 막상 그 사람 가까이에서 일을 해보면 뒤에서 욕을 하고 싶을 정도로 형편없는 사람일 수도 있기 때문이에요. 세상에는 대단히 존경할 만한 사람도, 어마어마한 아우라를 내뿜는 사람도 실제로는 없어요. 상대방이 대단해서가 아니라 그를 바라보는 나의 관점이 아우라를 만들어내는 거예요. 나 스스로 우월감을 가질 수 없을 때 그 우월감을 타인에게 투사하는 거죠.

최설민　내가 나의 열등감을 통해 상대방을 보기 때문에 상대방의 아우라가 느껴지고 추종하게 되는 메커니즘이 작동하는 거네요. 그러면 나의 이런 편향된 행위를 어떻게 없앨 수 있을까요?

최명기　앞에서도 말했듯이 추종하는 과정에서 나의 능력이 향상되는 부분이 있다면 그런 면에서는 추종도 나쁜 것만은 아닙니다. 다만 아우라를 느낌으로 인해 내 삶이 더 행복해지고 아무 문제가 없어야 하는 거죠. 하지만 그로 인해 내 삶에 갈등이 생기고 내가 더 어려운 처지에 놓이게 된다면 그것은 곧 멈춰야 한다는 신호예요. 또 열 명 중에 나만 그렇게 느끼고 나머지 아홉은 나에게 경고 메시지를 던진다면 그 또한 멈춰야 한다는 뜻이에요.

누구든 가까이에서 접해보면 평소 내가 느끼던 모습과 일치하지 않는 부분이 생겨요. 그럴 때마다 그 부분을 그 사람의 또 다른 위대한 면이라고 합리화할 게 아니라 한번 곰곰이 생각해 봐야 합니다. 완벽하다고 생각했는데 불완전함이 드러나면 그것을 인정해야 하는 거예요. 그런데 그게 쉽지 않죠. 우리가 흔히 축구 경기를 보면서 내 팀이 반칙을 하면 "저게 왜 경고야?"라고 하지만 상대 팀이 똑같이 반칙하면 "왜 퇴장 안 시켜?"라고 합니다. '인지 합리화' 때문이에요.

내가 누군가의 아우라를 느끼고 그 사람처럼 되려고 하는 노력에 대해 내 아내, 남편, 자식, 부모가 "그건 아닌 것 같아"라고 말한다면 그건 진짜 아닌 거예요. 이들은 편향적인 관점이 아니라 객관적인 관점으로 좀 더 정확하게 그 사람을 바라보기 때문이에요.

스스로 자기 아우라에 도취한 사람들 역시 가장 커다란 피드백은 가족한테서 와요. 아무리 훌륭한 왕이라 하더라도 아들인 왕자의 눈에는 그의 약점이 보이고, 많은 사람들로부터 존경받으며 높은 지위에 오른 사람도 그의 아내 혹은 남편의 눈에는 약점이 보여요. 그래서 가족의 조언을 충분히 귀담아들어야 해요.

열 명 중 내가 가장 잘하는 한 가지 찾기

최설민 그렇게 누군가를 추종하는 심리의 바탕에 열등감이
깔려 있어서 그런 경우가 많다면, 그 열등감을 없앨 만한 방
법이 있을까요?

최명기 첫째는 정면 돌파예요. 저 역시 미국에 가서 공부하
기 전까지 열등감이 있었는데 막상 갔다 오니까 없어졌어
요. 저처럼 학력에 대한 열등감이 있는 분들이 편입을 준비
하는 것은 아주 좋은 선택이라고 생각해요. 돈에 대한 열등
감을 가지고 있다면 돈을 모아야겠죠. 예를 들어 비트코인
에 투자를 해서 큰돈을 벌고 싶어 한다는 것은 돈에 대한 열
등감에서 벗어나고 싶어 한다는 뜻이에요. 힘들수록 열등
감이 심해요. 비트코인에 투자해 돈이 늘어난다는 것은 단
순히 통장의 잔고가 늘어나는 게 아니라 나의 자존감이 올
라가는 것이거든요.

이와 달리 만약에 빚이 있고 그 빚으로 인해 나의 열등감이
심하다면 안타깝지만 그때는 어떻게든 빚을 갚거나 그럴
상황이 안 되면 채무를 변제하고 탕감받는 쪽을 선택해야
합니다. 채무를 변제하고 탕감받을 수 있는 조건이 되는데

도 그렇게 하지 않는 것은 그 자체를 용납하는 게 자존심이 허락하지 않아서예요. 그러나 막상 채무가 탕감되면 자존감이 올라가요.

최설민 일련의 장애물이 있을 수도 있지만 우선은 정면 돌파가 열등감에서 벗어날 수 있는 가장 좋은 방법이라는 말씀인 거죠?

최명기 그렇죠. 그런데 정면 돌파가 아예 불가능할 때 혹은 정면 돌파 도중에 그것이 좌절되었을 때는 심리적 열등감을 바라볼 수밖에 없죠. 심리적 열등감을 바라보면서 그 열등감 자체를 내 마음에서 없애려는 데는 한계가 있어요. 그럴 때는 다른 측면에서 내가 우월하고 잘할 수 있는 것을 찾아봐야 해요. 이때 제가 권하는 방법은 열 명이 있을 때 그중에서 내가 제일 잘하는 것 하나를 찾는 거예요.

만 명 중에서 내가 잘하는 게 있다면 그것은 정말 대단한 일이어서 틀림없이 돈이 돼요. 하지만 열 명 중에서 내가 제일 잘하는 게 있는 것은 돈이 되진 않지만 열등감에 사로잡힌 나한테 쉼터를 제공해 줘요. 예를 들어 열 명의 사람이 모였을 때 그중에서 내가 제일 노래를 잘 부른다면 노래방에 있는 세 시간 동안만큼은 나는 열등감에서 완전히 벗어나 있어요. 나보다 좋은 아파트에 살고 좋은 차를 타고 좋은 직장에 다니며 우월감을 가졌던 친구도 노래방에서의 그 세 시간 동안은 나한테 열등감을 느끼게 돼요.

그렇기 때문에 내가 바라보는 특정 부분에서 우월감을 가진 사람도 모든 부분에 있어서 나보다 우월할 수는 없어요. 그래서 적어도 열 명 중에 내가 최고인 게 하나는 있어야 하는 거예요. 만약에 이 세상에 아무도 없이 나 혼자 존재한다면 돈도 명예도 권력도 다 소용없어요. 열등감과 우월감은 타인이 나를 인간 자체로 인정해 주느냐 아니냐에 달려 있기 때문이에요. 누군가가 나를 인간으로서 인정해 주면 그 사람이랑 있는 순간만큼은 열등감을 느끼지 않아요.

그래서 우리가 사랑을 하는 거예요. 자존감이 올라가니까요. 그 사랑이 유지되는 한 나는 열등감에서 자유로워져요. 우리에게 가족이 소중한 이유도 그 때문이에요. 열등감을 조장하는 잔소리만 하지 않는다면 우리는 있는 그대로의 나를 인정해 주는 가족과 함께 있을 때 열등감을 느끼지 않아요. 열등감을 극복하기 위해 돈을 벌고 외모를 바꾸고 스펙을 쌓는 것보다 더 중요한 것은 사랑할 대상이 생기는 거예요. 그 대상은 내가 돈이 많아도 공부를 잘해도 안 생길 수 있고, 반대로 내가 돈이 없어도 공부를 못해도 생길 수 있어요.

최설민　결국 우리가 열등감을 느끼는 것도 타인이 있기에 생겨나는 문제고, 그 열등감을 해결하는 방법 또한 타인의 사랑과 인정에 있다는 새로운 깨달음을 얻는 것 같습니다.

놀심의 한 줄로 배우는 심리학

* 누군가에게 아우라를 느끼는 건 그가 대단해서가 아니라 나의 열등감 때문이에요. 나 스스로 우월감을 가지면 누구에게도 아우라를 느끼지 않습니다.
* 우월감을 가지려면 최소 열 명 중에서 내가 가장 잘하는 게 있는지 찾아보세요. 그것을 하는 동안만큼은 열등감에서 벗어날 수 있습니다.

불안한 마음을 에너지로 바꾸는
셀프 관찰법

김혜령 | 상담심리사, 작가

불안감이 계속 올라오는 사람은 그 감정을
회피하거나 해소하려고 끊임없이 뭔가를 해요.
그렇게 고군분투하니 삶이 고단할밖에요.
불안감은 누구나 느끼는 자연스러운 감정이에요.
그것을 알아차리고 친구처럼 지내면
내 삶의 에너지로 바꿀 수 있어요.

최설민 우리는 일상에서 기쁨, 분노, 즐거움, 사랑, 슬픔, 불안, 우울 등 아주 많은 감정을 느끼며 살아가잖아요. 그런데 사람에 따라서는 내가 느끼는 다양한 감정 중에서 유독 불편하게 느끼는 감정이 있는 것 같아요. 예를 들면 특히 우울감을 못 견디는 사람이 있는가 하면 불안감을 못 견디는 사람도 있고, 화를 내는 게 싫어서 무조건 억누르는 사람도 있어요. 그중 가장 위험한 감정은 어떤 건가요?

김혜령 　사실 우리가 느끼는 감정 중에 위험한 감정이란 건 없어요. 감정은 어떤 자극에 대한 신체의 즉각적인 반응이에요. 그 즉각적인 반응은 나한테 필요해서 일어나는 거예요. 그러니까 어떤 감정이든 나한테 메시지를 주는 거죠. 나한테 어떤 조치가 필요하다거나 혹은 내 마음을 돌볼 필요가 있다는 메시지를 주기 위해서 특정한 감정이 올라오는 거예요. 그런데 사람들이 보통 슬픔이나 우울, 불안, 분노의 감정은 매우 불편하게 생각해서 피하려고 해요. 그러면 오히려 위험한 게 생기죠.

내 감정이 보내는 메시지를 이해하고 나를 위한 조치를 취해야 하는데 그런 감정이 불편하다고 피해버리면 나를 위한 대처를 못하게 돼요. 특히 불안의 감정을 회피하는 것은 아주 위험해요. 불안은 우리 생존의 핵심 감정이에요. 원시 시대부터 인간은 불안을 느껴야만 적이나 짐승의 존재를 알아차리고 피하거나 맞서 싸울 수 있었고, 그러면서 생명을 지켜왔어요.

불안은 우리를 지켜주는 아주 중요한 감정인데 그 불안감이 불편하니까 그것을 피하려고 자꾸 다른 뭔가를 해요. 하지만 그렇게 불안이라는 감정을 외면하는 시간이 쌓여갈수록 나에게는 더 위험해지는 거예요.

최설민 불안감을 회피하면 할수록 문제가 생겨 더 큰 불안
감으로 다가올 수 있다는 거네요. 불안감을 회피하는 대표
적인 행동이 있을까요?

김혜령 예를 들어 대인관계에서 불안을 느끼는 사람이 많잖
아요. 그 불안감을 피하기 위해 우리는 가면을 쓰고, 그 가
면이 점점 더 두꺼워져요. 그러다 보니 그 가면이 진짜 나
자신을 소외시키는 거예요. 그렇게 자신을 포장하고 과장
하는 것에 익숙해지면 나의 진짜 감정과 멀어지면서 그 감
정을 돌보지 않는 시간이 늘어나게 되고, 그러다가 한꺼번
에 쾅 하고 폭발하는 식으로 문제가 드러나게 되죠.

무기력해지거나 우울감에 젖거나 하면서 아예 감정을 잃어
버리게 될 수도 있어요. 나의 어떤 감정을 민감하게 알아차
리고 그것을 수용하는 게 심리적 건강에 정말 중요한데, 그
감정을 회피하면 할수록 내가 어떤 감정을 느끼는지 알아
차리는 힘조차 잃어버리게 돼요. 그러면 감정이 나에게 아
예 신호를 주지 못하는 지경에 이르게 되고, 그로 인해 생기
는 위험성도 고스란히 내 몫이에요.

불안이 나에게 보내는 메시지 알아차리기

최설민   불편한 감정이라고 해서 자꾸 회피하다 보면 어느 순간 무기력감이나 불안감, 우울감과 같은 회복하는 데 오래 걸리는 힘든 증상이 나타날 수도 있는 거네요. 그러면 내가 지금 불안한 감정을 회피하고 있는지, 아니면 건강하게 수용하고 있는지 알 수 있는 방법이 있을까요?

김혜령   보통 '알아차림'이라고 말하는데요, 나의 감정을 민감하게 알아차리기 위해서는 바깥이 아닌 나 자신에게 초점을 맞춰야 해요. 그래서 외부의 자극을 조금 제한하는 게 필요하죠. 사람을 만나는 것도 자극이에요. 특히 불안감이 높은 사람들은 만남에 대한 자극이 매우 커서 자기 자신을 보는 게 어려워요. 상대방에게 초점을 맞추느라 나 자신을 볼 여유가 없는 거예요.

그런 분들은 외부 자극을 조금 차단하고 혼자 있는 시간을 만듦으로써 나한테 어떤 감정이 올라오는지 알아차리는 시간을 의도적으로 가져보는 게 좋아요. 그렇게 혼자 있는 시간을 만든 다음엔 나한테 어떤 반응이 일어나는지 신체를 통해 알아보는 거예요. 예를 들어 평소보다 불안감이 크다면 호흡이 빨라지거나 목과 어깨에 긴장감이 느껴지거나 다리를 떨거나 땀이 나기도 하죠. 그렇게 어떤 식으로든 신체를 통해 나타나는 변화를 알아차리는 것을 먼저 해보면 좋을 것 같아요.

최설민　현대 사회를 살아가면서 우리는 불안감을 많이 느끼는 것 같아요. 거기에는 사회적 환경이나 개인적 상황 등의 여러 가지 이유가 있겠죠. 그런데 주변에 보면 비슷한 상황에서도 유독 불안감을 더 많이 느끼는 사람들이 있어요. 왜 그런 걸까요?

김혜령　물론 기질적으로 민감하고 취약한 부분이 있어서 그럴 수 있어요. 그리고 성장 과정에서 그런 기질이 좀 더 공고해지고 강해지는 환경에 놓여 있었을 가능성이 크죠. 그런 감정들이 민감하게 올라올 때마다 스스로 알아차리고 수용하고 이해하는 방향으로 성장했다면 큰 문제가 생기지 않아요. 그런데 불안이 나를 잡아먹을 것 같고 일상에 지장을 줄 만큼 불편하게 느껴지는 것은 그것을 수용하는 데 익숙하지 않아서 그래요.

예를 들어 성장 과정에서 부모가 나의 어떤 감정에 대해 늘

"넌 왜 그렇게 예민해? 왜 그렇게 생각이 많고 걱정이 많아?"라며 탓하는 식의 반응을 보이면, 누군가 나의 감정을 수용해 주는 경험을 하지 못하게 되면서 자신의 감정을 수용하고 알아차리는 것에 익숙하지 않게 돼요. 모든 감정은 나에게 필요한 신체의 즉각적인 반응인데 그것을 잘못되었다거나 느껴선 안 되는 것이라고 받아들이면 계속해서 그 감정을 억누르고 외면하는 데 익숙하게 되고, 그럴수록 불안은 더 커지게 되죠.

최설민　우리가 흔히 누군가를 위로할 때 그런 말을 많이 하는 것 같아요. "너 왜 그렇게 불안해해. 안 그래도 괜찮아"라는 식으로요. 상대방을 위로하려는 의도로 하는 말이지만 어떤 면에서는 이런 말이 위험할 수도 있겠다는 생각이 들어요.

김혜령　맞아요. 우리는 보통 울고 있는 사람에게는 "울지 마, 괜찮아"라고 말하고, 걱정하고 불안해하는 사람에게는 "괜찮아, 별일 아니야"라고 말해요. 사실 그것보다는 "충분히 울어도 돼. 괜찮아", "그래, 불안할 만하네"라는 식으로 말하는 게 좋아요. 상대방의 감정을 충분히 수용한다는 걸 느끼도록 말하는 게 우선이에요. 물론 상대방의 걱정이나 불안이 사실 별것 아닌 걸 수도 있어요. 그렇더라도 사실과 상관없이 감정은 옳다는 거죠. 그래서 상대방의 마음을 위로하고 편안하게 해주고 싶다면 그 사람이 느끼는 감정을 공감하고 이해하려는 노력이 우선되어야 해요.

최설민 그런데 상대방의 감정을 이해하고 공감해서 그렇게 말해주었을 때 어떤 사람들은 하염없이 부정적인 감정에 빠져들기도 해요. 그런 경우에는 어떻게 해야 할까요?

김혜령 불안을 알아차리는 것과 불안에 빠져 있는 건 엄연히 다른 거예요. 불안을 알아차린다는 것은 그 불안 속으로 빨려 들어가는 게 아니라 불안과 분리되는 거예요. 나한테 불안이 있다는 걸 인지하는 것은 곧 내가 그 감정과 분리되어 있다는 것을 의미해요. 그러면 나는 이제 다른 선택을 할 수 있어요. 그런 상황에서 다시 불안의 감정이나 우울감에 빠지는 선택을 하는 사람은 거의 없어요. 그 과정을 충분히 경험하고 나면 나를 위한 행동을 선택할 수 있는 거죠.

최설민 '불안해해도 괜찮아'라는 위로의 말을 나의 불안을 알아차림으로써 나와 불안감을 분리시키라는 의미로 받아들여야지, 불안감에 더 깊이 빠져들어 하나가 되라는 말로 받아들여서는 안 된다는 거네요.

김혜령   맞아요. 어떻게든 내가 그 감정을 알아차리면 그것이 내가 조절할 수 있는 뭔가로 변해요. 그런데 알아차림 없이 '나는 그냥 계속 불안해할 거야' 하면서 내가 어떤 상태인지 전혀 모른 채 그 감정에 끌려가는 것은 매우 위험하다는 거예요.

불안은 평생 함께할 친구이자 삶의 에너지

최설민   그런데 그렇게 자신의 감정을 돌보고 알아차리려 노력해도 불안감을 전혀 안 느끼고 살 수는 없잖아요. 불안감을 해소하고 극복할 수 있는 실질적인 방법이 있을까요?

김혜령   평소에 나의 신체 반응을 알아차리는 습관을 갖는 게 좋고, 동시에 불안을 해소한다, 극복한다는 생각에서 벗어나는 게 좋아요. 불안을 극복하고 해소해야 하는 거라고 생각하면 오히려 더 강하게 거기에 매이게 되거든요. 그래서 그냥 불안과 친해진다는 생각을 갖고 불안의 감정이 올라올 때 나한테 어떤 변화가 일어나는지, 불안이 어떤 양상으로 나타나는지 관찰하면 좋을 것 같아요. 불안하면 손을 떨거나 어깨가 올라가 있거나 땀이 나는 등 여러 가지 신체 반응이 나타날 수 있는데, 스스로 자신에 대해 잘 아는 게 중요해요.

더 나아가 불안할 때 내가 어떤 행동을 반복하는지 그 패턴을 찾아보는 것도 중요해요. 예를 들어 사람과의 관계에서 불안감을 느끼면 그것을 이기려고 말도 더 많이 하고 더 밝고 친절하고 씩씩하게 행동하는 사람들이 있어요. 불안이 강하게 비집고 들어올까 봐 틈을 주지 않으려는 패턴인 거예요. 또는 불안한 감정이 건드려지면 버럭 하고 화를 내거나 남 탓을 하는 사람도 있어요.

이런 식으로 일상에서 불안감이 올라올 때 내가 어떤 선택을 하는지, 인간관계에서 어떻게 행동하는지 알아차리고 패턴을 찾아내는 거예요. 그 패턴을 캐치하고 나면 아무래도 반복되는 횟수가 줄어요. 나의 행동 패턴을 알아차림으로써 나의 삶이 완전히 바뀔 수도 있는 거예요. 그래서 자신을 관찰하고 성찰하고 알아차리는 게 습관화되어 있는 사람은 삶에 끌려가지 않고 스스로 삶을 만들어 나가요. 감정에 끌려다니지 않고 컨트롤할 수 있기 때문이에요.

최설민 무의식적으로 그렇게 행동할 수밖에 없게끔 세팅되어 있었는데 내가 그 패턴을 알아차리고 다르게 행동하는 선택을 하면 전혀 다른 인생을 살 수 있는 거네요. 그런데 주변에 보면 다른 사람들의 부러움을 살 정도로 돈을 많이 벌고 능력이 뛰어난데도 여전히 불안감을 느끼는 사람들이 있어요. 왜 그런 걸까요?

김혜령 그것 또한 불안감을 해소하기 위한 노력의 하나인 거예요. 돈을 많이 벌려고 하는 것, 능력 있는 사람이 되려고 하는 것들이 모두 그렇게 하지 않으면 불안감을 떨쳐낼 수 없기 때문이에요. 그런데 문제는 그런 노력에 끝이 없다는 거예요. 돈을 얼마나 벌면 마음이 편해질까요? 어느 정도 성공해야 불안이 사라질까요? 사실 돈과 성공에는 만족이라는 게 없어요. 1억 원을 벌면 5억 원이 있었으면 좋겠고, 5억 원을 벌면 10억 원은 채워야 할 것 같고, 막상 10억 원을 벌면 30억 원은 있어야 하지 않을까 생각해요.

이런 악순환이 반복되기 때문에 그 고리를 끊는 게 중요해요. 이 악순환을 끊으려면 도파민이라는 신경전달물질을 이해할 필요가 있어요. 맛있는 음식을 먹거나 갖고 싶은 것을 샀을 때처럼 만족감을 주는 행동을 하면 도파민의 수준이 유지되는데, 불만족감이 커지고 도파민의 수준이 떨어지면 불쾌감이 일어나요. 그러면 다시 뭔가를 갈구하게 되는 거죠. 돈을 더 많이 벌고 싶고 더 비싼 명품이나 더 좋은 차를 타고 싶어지는 거죠. 흡연이나 음주도 이와 같은 맥락이에요. 내가 원하는 걸 계속함으로써 만족감을 느끼고 도파민의 수준을 유지하고 싶은 거잖아요.

그러나 그 만족감은 영원히 지속되지 않고 일시적일 뿐이에요. 그래서 도파민이 떨어지면 그 수준을 유지하기 위해 또다시 뭔가를 갈구하는 행동을 반복하는 거죠. 우리가 느끼는 만족감이 일시적일 뿐이라는 걸 알면 그 악순환의 고리를 끊을 수 있어요. 결국 이때도 가장 중요한 것은 알아차림이에요. 내가 언제 가장 행복하고 마음이 편안한지, 내 삶에서 무엇이 가장 중요한지를 알아차리는 거죠. 그것이 곧 내 삶의 방향성을 제시하는 가치인 거예요.

저 역시 어렸을 때부터 불안감을 많이 느껴왔고 그것이 나의 문제라고 생각하면서 살아왔어요. 불안감이 계속 올라오는 사람은 그 감정을 회피하거나 해소하기 위해 끊임없이 뭔가를 해요. 그러니 삶이 고단할 수밖에 없어요. 그래서 저와 같은 고통 속에 있는 분들께 "고생했어요"라는 말을 해주고 싶어요. 불안감이나 우울감은 이상하거나 문제가 있는 게 아니라 누구나 느끼는 아주 자연스러운 감정이에요. 잘 조절해서 친한 친구처럼 지내며 내 삶의 에너지로 만들면 좋겠습니다.

놀심의 한 줄로 배우는 심리학

* 불안을 무조건 회피하거나 없애려 하지 마세요. 생존에 꼭 필요한 우리의 핵심 감정입니다.
* 불안할 때 내가 하는 행동 패턴이 있는지 살펴보세요. 그것을 알아차리면 이전과 다른 행동을 선택할 수 있습니다.

계획만 세우고 실천하지 않는
당신에게 꼭 필요한 팁

이동귀 | 연세대학교 심리학과 교수

완벽주의자들은 너무 잘하려는 마음이 커서
어떤 일을 시작하기가 어려워요.
일정을 미루고 꾸물거리다가 마감 직전에야
몰아치듯 일을 시작하는 경우가 많죠.
시간에 쫓기면 긴장감과 불안감이 커져서
엄청난 스트레스를 경험하게 돼요.

최설민　언제나 모든 일을 완벽하게 해내려는 사람들이 있어요. 평범한 사람들이 보기에는 완벽주의자처럼 대단해 보일 때가 많은데, 정작 본인은 자신이 생각한 수준의 결과물이 나오지 않으면 견디기 힘들 정도의 스트레스를 받기도 하잖아요. 그렇게 힘들어 하면서도 왜 매사 완벽하려 하는 걸까요? 이렇게 완벽주의적인 성향은 타고나는 건가요, 아니면 성장 과정에서 형성되는 건가요?

이동귀 완벽주의자의 성향은 일부 타고난 특성과 관련이 있을 수 있지만 유전적으로 미리 정해져 있는 것은 아니에요. 최고가 되어야 한다거나 이런 걸 잘해야 사랑받을 수 있다는 식의 양육 방식을 가지고 있는 부모 밑에서 점차 완벽주의자로 성장하게 되는 거죠. 특히 경쟁적이고 즉각적으로 결과를 요구하는 문화가 강한 사회에서는 뭐든 뛰어나야 한다는 메시지를 끊임없이 받게 되죠. 성장 과정에서의 이런 기억은 성인이 되어서도 선명하게 남아 있습니다.

예를 들어 아이가 100점을 받아오면 엄마가 환한 미소로 기뻐하며 "잘했어! 너무 멋지다!"라고 칭찬을 아끼지 않아요. 그런데 아이가 100점을 받아오지 못하면 엄마는 "우리집에 이렇게 공부 못하는 사람이 없는데 너는 왜 이래?" 하면서 차갑게 돌변해요. 그러면 아이는 당황하며 수치심을 느끼게 되고, 이후로 시험 불안이 생기기 시작하죠. 이런 상황이 반복되면 아이는 '엄마는 내가 100점을 맞아야만 나를 사랑하는구나'라는 일종의 조건적 신념을 갖게 돼요. 뭐든 잘해야 한다는 생각이 몸 안에 스며들면서 완벽주의자로 자라나게 되는 겁니다.

최설민 잘해야지만 인정받는 사람이 되고, 조건을 만족시켜야지만 내가 괜찮은 사람이 된다고 생각하는 거네요. 어떤 면에서는 완벽주의자로 길드는 게 아닌가 하는 생각도 드는데요, 이런 성향도 바꿀 수 있나요?

이동귀 당연히 바꿀 수 있어요. 학습된 것이기 때문에 탈학습, 즉 다른 방식으로 대체하거나 스스로 그것을 잘 조절할 수 있으면 돼요. 보통 완벽주의는 우울감이나 불안감과 관련이 있어요. 일종의 불안한 완벽주의로 존재하는 거죠. 그런데 이것을 제대로 학습하고 스스로 잘 조절하는 법을 배우면 적응적이고 행복한 완벽주의자로 바뀔 수 있습니다.

나는 게으른 완벽주의자일까?

최설민 그러면 우선 내가 어떤 성향인지를 알아야 할 것 같은데요, 자신이 완벽주의자인지 아닌지 알 수 있는 방법이 있을까요?

이동귀 네 있습니다. 제가 다섯 가지 예시를 드릴 텐데, 거기에 몇 개가 해당하고 어느 수준의 강도인지 한번 손꼽아보세요. 첫째는 '항상 실수할까 봐 염려한다'입니다. 염려

수준이 다른 사람에 비해 높은 거죠. 둘째는 '정리 정돈이 잘 되어 있고 서로 조화를 이루는 것을 좋아한다'입니다. 셋째는 '성장 과정에서 나에 대한 부모의 기대 수준이 높았다'입니다. 넷째는 '뭔가를 잘 해내려는 성취 수준이 높은 편이다'입니다. 다섯째는 '어떤 행동을 한 뒤 제대로 한 게 맞는지 의심한다'입니다.

이 다섯 가지 중 세 개 이상이고 예시 수준이 평균보다 높으면 완벽주의적 성향이 있다고 봅니다. 그런데 실제로 연세대학교 상담심리 연구팀의 연구 결과를 보면 대략 한국인 두 명 중 한 명은 완벽주의적 성향이 있습니다. 이런 성향이 무조건 부정적인 것은 아니에요. 다만 부정적으로 작용하는 것 중 하나가 우울감입니다. 완벽주의적인 사람들은 기대 수준이 너무 높고 그걸 이루기 위해 열심히 노력했는데 조금이라도 결점이 드러나면 견디지 못하고 그 실패한 기억에서 잘 벗어나지 못해요. 그러면 상당히 우울해질 가능성이 크죠.

이때 문제 행동으로 나타날 수 있는 것 중 하나가 강박적인 생각입니다. 예를 들어 보고서를 올렸는데 제목의 글자 하나를 잘못 썼어요. '동향'이라고 써야 하는데 '동행'이라고 쓴 거죠. 그러면 그것을 잊지 못하고 계속 그 생각을 하는 거예요. 심리학에서는 이것을 '침투 사고'라고 합니다. 뇌에 한 번 침투하면 멈추지 못하는 거예요. 이렇게 실패나 후회 등의 생각이 반복되는 게 첫 번째로 생길 수 있는 문제입니다.

두 번째는 다이어트로 예를 들 수 있습니다. 다른 사람이 볼 때는 전혀 다이어트가 필요 없는 것 같은데 본인은 그렇게 생각하지 않아요. 몸에 아주 미세하게라도 살이 찐 것 같다고 느껴지면 바로 달리기를 시작합니다. 자기가 목표한 만큼 체중을 감량하지 못하면 자신이 의지박약이라고 생각해요. 그런데 목표를 달성하면 기뻐해야 하는데 또 그렇지도 않아요. '내가 목표치를 너무 낮게 잡은 게 아닐까?' 하면서 오히려 목표치를 상향 조정해요. 그러면 당연히 실패할 가능성이 높아지는 거죠. 완벽주의적 성향의 사람이 다이어트를 할 때는 이렇게 실패할 것을 예감하니까 힘들 수밖에 없어요.

세 번째는 너무 잘하려는 마음이 커서 무슨 일이든 시작하기가 어렵다는 거예요. 그러다 보니 차일피일하다가 마감 직전이되어서야 몰아치듯 일을 시작하는 경우가 많아요. 그러면 시간에 쫓기니까 심장이 요동치고 긴장감과 불안감이 커지면서 엄청난 스트레스를 경험하게 되죠. 달리기에서 막판 스퍼트를 하는 것과 같아요. 완벽주의자 중에 기한을 맞추기 어려워하고 이유 없이 꾸물거리는 사람들이 주로 그렇죠.

최설민 교수님 말씀을 들을수록 '아, 이건 내 얘긴데?' 하는 분들이 많을 것 같아요. 저도 그렇고요. 이 세 가지 문제점 외에 또 다른 문제점은 없나요?

이동귀 완벽주의라는 것은 하나의 생각 방식이에요. 가령 우리가 뭔가를 계획하고 실천할 때 작심삼일이라는 말처럼 며칠 만에 그 실천이 흐지부지되는 경우가 많죠. 이때 완벽주의자들은 엄청나게 실망합니다. 자기 삶에 금이 간 것 같은 느낌인 거예요. 하지만 3일 동안 아무것도 하지 않을 수 있었는데 그래도 3일 동안 열심히 노력한 거잖아요. 그러니까 실망할 게 아니라 충분히 휴식한 뒤 오늘부터 다시 1일이라고 생각하고 또 시작하면 되는 거예요. 그런데 완벽주의자들은 기분이 급격히 가라앉아서 그렇게 하기가 어렵죠.

불행한 완벽주의자에서 행복한 완벽주의자로

최설민 그렇게 완벽주의적 성향이 있는 사람들이 우리나라 전체 인구의 반이나 된다고 말씀하셨는데, 그 많은 사람이 마냥 이런 문제점을 안고 살아갈 수는 없잖아요. 불행한 완벽주의에서 벗어나 행복한 완벽주의로 살아갈 방법은 없을까요?

이동귀 앞에서도 말했듯이 완벽주의는 학습된 것이기 때문에 적응적인 방식으로 학습을 바꿔주면 얼마든지 가능해요. 이때 우리가 생각할 것은 불행한 완벽주의자에서 행복한 완벽주의자로 바뀌려면 무엇을 해야 하는가입니다. 완벽주의자 중 많은 수의 사람들이 특히 자기 비난을 많이 해요. 목표를 달성하지 못했으니 나는 실패자다, 나는 의지가 약한 사람이다, 이것도 못 하는데 뭘 하겠어 등의 자기 비난을 많이 하죠.

행복한 완벽주의자로 바뀌려면 첫째, 자기 비난을 멈춰야 합니다. 자기 자신을 비난하면서 기분이 좋아질 사람은 없어요. 자기 비난을 많이 하면 당연히 시간이 지날수록 우울해지고 무기력감이 들어요. 심하게는 극단적인 선택을 하는 사람도 있어요. 결과 중심적으로만 생각하지 말고 그것을 하기 위해 노력했던 나의 모습, 그 과정에서 내가 얻고 배웠던 것들을 좀 더 소중하게 대할 필요가 있어요. 자기 자신에게 좀 더 친절하게 대하는 게 우선입니다.

둘째, 변화에 대한 개념을 바꿔야 합니다. 우리는 변화한다고 하면 마법처럼 짠하고 바뀔 거라고 기대합니다. 예를 들어 A라는 모습이 마음에 안 들면 내가 원하는 B라는 이상적인 모습으로 180도 바뀌고 싶어 해요. 하지만 그런 변화는 비현실적인 바람일 뿐이죠. 그렇기 때문에 그런 생각과 기대를 멈추고 변화에 대한 생각을 바꿔야 해요. A에서 B로의 완전한 전환이 아니라 A1, A2, A3… 하는 식으로 추가하고 확장해 나가는 게 중요해요.

내가 A라는 특성을 갖게 된 데에는 나름의 이유가 있을 거예요. 꼼꼼하고 철저한 완벽주의로 살면서 내 삶에 분명 도움이 된 부분도 있을 테고요. 그런 선물 같은 장점들은 그대로 수용하고 거기에 확장팩을 장착하는 거예요. 자기 자신을 비난하는 대신 긍정적으로 얘기해 주는 팩을 장착한다거나 감사 일기를 쓰는 팩을 장착하는 거죠. 그럼으로써 내가 다룰 수 있는 부분이 넓어지면 나 자신이 좀 더 나아진 느낌이 들게 되고, 이런 작은 성공 경험들이 쌓이면 어떤 일에서든 크게 성공할 수 있는 발판이 마련됩니다.

최설민 한순간에 마법 같은 변화가 일어나는 게 아니라 작은 성공의 경험들이 쌓이고 쌓여 점차 긍정적인 변화를 맞이할 수 있는 게 아닐까 싶어요. 그리고 그런 변화가 진짜 내 모습을 찾아가는 또 하나의 방법인 것 같습니다. 내가 바뀌기 위해서 할 수 있는 실용적인 팁이 있을까요?

이동귀 앞서도 말했듯 완벽하게 해내려는 생각 때문에 자꾸 꾸물거리고 지연시키는 사람들의 경우 처음부터 계획을 너무 크게 잡으면 안 돼요. 그러면 힘들고 버거워서 시작조차 못해요. 예를 들어 '오늘 나는 안 쉬고 책상에 앉아 5시간 공부할 거야'라고 마음을 먹는다면 어떨까요? 너무 부담스러워서 시작도 안 했는데 지레 겁을 먹게 되죠. 저는 '행동하는 15분'을 추천해요. 하지 않을 이유를 찾지 말고 그냥 15분간 행동해 보세요. 그러면 1시간도 할 수 있어요.

완벽주의적인 성향에서 벗어나고 싶다면 자기의 장단점을 한 번 써보세요. 실제로 많은 사람들이 자기의 단점은 아주 많이 쓰지만 장점은 몇 개 못 쓰는 경우가 많아요. 그렇게 단점 위주로만 쓰다 보니 우울해질 수밖에 없죠. 그래서 장단점의 비율을 다르게 해서 쓰는 거예요. 가령 단점을 하나 쓰면 장점은 두 개를 쓰는 규칙을 정하는 거죠.

장점을 쓸 때는 구체적으로 표현하는 게 중요해요. '나는 성실하다'라는 추상적인 표현이 아니라 '나는 어떤 일을 시작하면 몇 시간 동안 꾸준히 유지하고 그 일을 하고 나면 어떤 느낌을 받는다'라고 나의 특성을 아주 구체적으로 쓰는 거예요. 그리고 자기가 좋아하는 것들을 써보는 것도 중요해요. 사람들은 싫어하는 것은 쉽게 말해도 자기가 좋아하는 것에 대해서는 의외로 잘 모르는 경우가 많아요. 나 자신을 비난하고 단점에 집중하기보다 나의 장점과 내가 좋아하는 것들을 아는 게 우선이에요.

그다음 권하고 싶은 또 하나는 감사 일기 쓰기입니다. 완벽주의자들은 일기 역시 완벽하게 쓰려고 해요. 그러면 일기 쓰기 자체가 또 하나의 일이 되어버려서 행동으로 옮기기가 어려워져요. 그날의 일이나 느낌을 짧게 세 줄, 혹은 세 가지 정도만 써도 충분해요. 실제 심리학에서도 감사 일기를 쓴 사람들이 스트레스 상황에 놓였을 때 훨씬 더 잘 이겨낸다는 연구 결과가 있어요.

최설민   지금 바로 실행할 수 있는 너무 좋은 팁을 알려주신 것 같아요. 독자분들도 지금 당장 해보시면 불행한 완벽주의자에서 행복한 완벽주의로 바뀔 수 있는 출발점이 되지 않을까 합니다.

이동귀 　많은 사람이 생각이 바뀌어야 세상이 바뀐다고 생각합니다. 물론 맞아요. 생각을 긍정적으로 바꾸면 긍정적인 변화가 일어날 수도 있죠. 하지만 실질적인 변화는 그 반대로 할 때 더 크게 일어납니다. 다시 말해 행동을 바꿔야 생각이 바뀝니다. 실제로 체험하고 경험하는 게 우리에게 주는 피드백이나 메시지는 매우 큽니다. 그것이야말로 우리에게 충실하고 실질적인 느낌을 주기 때문에 우리를 앞으로 나아가게 하는 원동력이 됩니다.

놀심의 한 줄로 배우는 심리학

* 자기 비난은 우울감을 키울 뿐이에요. 나의 단점보다 장점을 더 많이 발견하면 생각도 바뀝니다.
* 한순간의 드라마틱한 변화는 불가능해요. 작은 성공의 경험들이 쌓이고 쌓여 큰 변화를 만들어낸다는 것을 기억하세요.

침대에 누워 성공을 꿈꾸는 당신이
알아야 하는 '이것'

한상민 | 삼성서울병원 인재개발팀 팀장

습관은 생명을 가진 나무 같아서
묘목을 심고 뿌리가 내릴 때까지는
정성을 기울여 돌봐야 해요.
튼튼하게 뿌리를 내리면 혼자서도 잘 자라요.
좋은 묘목을 골라 하루 1분만 꾸준히 집중하면
몸에 밴 습관으로 만들 수 있습니다.

최설민　성공한 사람들을 보면 나와는 다른 어떤 비범함이 있기에 가능한 일이 아니었을까 하는 생각이 들 때가 많습니다. 그래서 우리 모두 성공을 이루고 싶어 하면서도 평범하기 이를 데 없는 나와는 거리가 먼 이야기라고 단정해 버리는 것 같아요. 우리처럼 평범한 사람도 성공을 이룰 수 있을까요? 그렇게 되기 위해서는 어떤 조건과 노력이 필요할까요?

한상만 　가장 우선으로 꼽을 수 있는 성공의 조건은 좋은 습관입니다. 좋은 습관이 많으면 평범한 사람도 성공할 수 있습니다. 오늘날의 성공은 예전처럼 거창하고 광대한 게 아니라 자신이 원하는 목표를 달성하는 일이라고 생각합니다. 많은 사람이 관심 있는 재테크도 성공 목표가 될 수 있고, 건강을 지키는 것, 배우고 성장하면서 마음을 관리하는 것도 하나의 성공 목표가 될 수 있습니다. 그렇게 본다면 그것을 이루는 데 필요한 좋은 습관을 갖는 게 성공의 우선 조건인 거죠.

문헌이나 여러 연구 자료들을 살펴보면 공통된 성공의 3대 요소가 있습니다. 그 첫째는 건강입니다. 뭐니 뭐니 해도 몸과 마음이 건강해야 성공하고 행복할 수 있으니까요. 둘째는 경제적인 부입니다. 먹고사는 데 부족함이 없어야 성공할 수 있는 거죠. 셋째는 대인관계입니다. 건강하고 돈이 많아도 주변에 아무도 없이 혼자라면 아무 소용이 없는 거죠. 중요한 것은 이런 성공의 핵심 요소들이 모두 습관과 연결되어 있다는 것입니다.

예를 들면 수면 습관, 식습관, 운동 습관, 스트레스 관리 습관 등이 모여서 건강으로 연결되는 것이죠. 또 소비 습관,

투자 습관 등이 어우러져 부와 연결되고, 대화 습관, 행동 습관 등이 모여서 대인관계를 이룹니다. 그래서 좋은 습관이 많으면 내가 원하는 목표를 달성할 수 있는 가능성이 훨씬 커지는 거죠. 다만 우리는 평범한 사람들이니까 전문적인 분야에서 성공한 사람들과 단순하게 비교하는 건 그리 바람직하지 않아요.

예를 들어 요즘 많은 사람이 몸만들기에 관심이 많다 보니 온갖 매체에 몸짱들이 등장합니다. 그분들을 보면서 '왜 나는 저렇게 안 되지' 하고 실망하며 자책하는 경우가 있는데, 그럴 필요 없어요. 전문적으로 거기에 많은 시간을 투자하는 사람과 평범한 사람과는 당연히 그 결과가 다를 수밖에 없으니까요. 그러니까 쉽게 포기하지 말고 내가 할 수 있는 것들을 하면 됩니다. 제가 권해드리고 싶은 것 중 하나가 '1분 습관'입니다.

하루 1,440분 중 1분만 투자하는 겁니다. 1,000분의 1도 안 되는 짧은 시간이기 때문에 얼마든지 나를 위해 투자할 수 있어요. 1분이면 팔굽혀펴기나 윗몸일으키기를 스무 개 이상도 할 수 있고 이 정도로도 운동 효과는 충분합니다. 1분 동안의 짧은 투자지만 아예 안 하는 것보다 훨씬 낫습니다.

그렇게 익숙해지면 시간을 조금씩 늘려나갈 수 있고 자신이 목표한 바를 성취할 수 있습니다.

매일 1분만 투자해도 좋은 습관을 만들 수 있다

최설민 좋은 습관을 만들어야 한다고 하면 흔히 매우 거창한 것을 생각하는데, 그게 아니라 하루에 1,000분의 1도 안 되는 시간만 투자해도 얼마든지 성공의 경험을 할 수 있는 거군요.

한상만 그렇죠. 그런데 1분은 너무 적은 시간 아니냐고 말할 수 있어요. 하지만 여기서 말하는 1분은 시작일 뿐이에요. 1분 동안 뭔가를 하는 게 쉽고 익숙해지면 2분으로 늘리고, 점차 5분, 10분, 30분으로 늘리는 거예요. 저도 계단 오르기를 하고 있는데, 처음에는 한 층만 오르는 걸로 시작했어요. 그러다가 2층, 3층, 4층 이렇게 야금야금 목표를 높이다 보니까 지금은 10층까지 걸어서 올라갑니다. 저희 집이 10층이거든요.

최설민 저도 다이어트를 결심하고 우리 집이 있는 7층까지 계단으로 올라가는 걸 했거든요. 하루 만에 포기하고 엘리베이터를 이용했습니다. 너무 힘들더라고요. 말씀하신 대로 한 층만 오르는 걸로 시작해서 서서히 목표를 상향했어야 하는데 처음부터 7층까지 걸어 올라가겠다고 목표를 세운 게 문제였던 거네요.

한상만　맞아요. 그건 평소 달리기를 안 하던 사람이 갑자기 마라톤 대회에 나가는 것과 같아요. 조금 뛰다가 너무 힘드니까 중도에 포기하고 그다음부턴 아예 마라톤이나 달리기를 안 하게 되는 거죠.

뭐든 처음부터 목표를 높게 설정하면 쉽게 포기하게 돼요. 우선 집 앞 산책하기부터 꾸준히 하다가 다리에 힘이 생기면 빨리 걷기를 해보고, 익숙해지면 한번 뛰어보는 거예요. 그러면서 3분, 5분, 10분 이렇게 서서히 뛰는 시간을 늘려나가면 목표를 달성할 수 있어요. 집이 7층이면 엘리베이터를 타고 5층이나 6층에서 내려서 한두 층만 걸어 올라가는 것부터 시작해 보는 거예요.

또 하나 유용한 팁으로 '1+1'이 있어요. 원래 내가 하던 습관에 새로운 습관 하나를 더해주는 거예요. 저는 매일 아침

거울을 보고 스마일을 하는 습관이 있어요. 하루 중 거울을 보는 시간이 그렇게 많지 않거든요. 그러니까 아침에 양치할 때 거울을 보면서 스마일을 하는 거예요. 그러면 힘들이지 않고, 까먹지 않고 매일 할 수 있어요. 계단 걷기를 할 때도 일부러 시간을 내서 하기보다 퇴근하고 집에 귀가할 때 하면 빼먹지 않고 할 수 있죠.

최설민 뭐든 특별히 시간을 내서 하려고 하면 오히려 하기 싫어지거나 잊고 안 할 수도 있으니까 내가 매일 습관적으로 하는 일과 함께하면 좀 더 수월하게 해낼 수 있다는 말씀인 거네요. 사실 습관은 몸에 배어야 하는 거잖아요. 그런데 몸에 배도록 하기까지가 참 쉽지 않아요. 어떻게 하면 좋은 습관이 몸에 배도록 할 수 있을까요?

한상만 세상에 만병통치약은 없어요. 결론부터 말하자면 나의 특성을 고려해서 습관을 만들어야 하는 거죠. 그런데 이때 책이나 여러 매체에서 전달하는 정보를 무작정 그대로 따라 하면 안 돼요. 나의 특성에 맞게끔 변화를 줄 필요가 있어요. 일단 나의 의지력 진단 테스트를 한번 해보는 거예요. 그래서 의지력이 조금 낮은 분들은 의지력을 높일 수 있도록 기초 체력을 키우는 습관부터 시작하는 게 하나의 방법이에요. 또 하나는 나의 강점을 찾아서 그것으로 습관을 만드는 방법이 있어요.

마지막은 나의 성향이 공격수인지 수비수인지를 파악해서 그에 맞는 습관을 만드는 방법이에요. 이것은 토리 히긴스 Tori Higgins라는 심리학자가 만든 개인의 행동을 움직이는 두 가지 시스템인데요, 여러분의 이해를 돕기 위해 제가 공격수와 수비수라는 표현을 쓴 거예요. 우선 공격수의 목표는 골을 넣는 것, 즉 득점에 있어요. 이들에게는 자신이 원하는 목표에 달성하는 게 핵심이에요. 그래서 달성하지 못하면 실패라고 생각해요.

반면에 수비수는 실점하지 않는 게 목표입니다. 이들에게는 지금 만족하고 있는 나의 현상을 더 이상 나빠지지 않도록 유지하는 게 핵심이에요. 자신이 목표 달성을 더 중시하는지, 현상 유지를 더 중시하는지 생각해 보면 내가 공격수인지, 수비수인지 알 수 있어요. 그것을 파악한 뒤 습관에 적용하는 거예요.

공격수는 뭐든 시작을 아주 잘해요. 그러나 처음엔 열심히 하다가 금방 힘이 빠져서 뒷심이 좀 약해지는 경향이 있습니다. 내가 공격수 성향이라면 초반보다 뒷심이 약해지는 후반에 신경을 써야 합니다. 예를 들면 의지가 강했던 초심을 계속 상기할 수 있도록 그때 써놨던 생각이나 각오를 눈에 잘 보이는 곳에다 붙여놓는 거예요. 에너지가 떨어지거나 의욕이 저하될 때마다 그걸 보고 다시 동기부여를 하면서 지속하는 거죠.

수비수 성향은 시작이 어렵긴 해도 일단 시작하고 나면 끝까지 완주하는 특성이 있습니다. 뒷심이 좋은 거죠. 그래서 후반보다 초반에 신경을 쓰는 게 좋아요. 시작이 부담스럽지 않도록 뭐든 작게 시작하는 겁니다. 한 층만 걸어 올라가기, 윗몸일으키기 세 개 하기처럼 만만한 수준의 목표로 시작해서 점차 적응되면 조금씩 늘려나가는 게 좋습니다.

매일 결과를 기록하고, 상대방의 장점을 배워라

최설민 좋은 습관이라고 생각해서 굳게 결심하고 시작했는데 뒷심이 부족해서 얼마 지나지 않아 포기해 버리는 경우가 정말 많거든요. 저도 그렇고요. 이런 순간을 견디고 진짜 나의 습관으로 만들기 위해서는 어떻게 해야 할까요?

한상만 일단은 하고 싶은 게 너무 많으면 안 돼요. 한 번에 하나에만 집중해야 합니다. 우리의 의지력은 무한정 샘솟는 게 아니에요. 이 한정된 에너지를 가장 효율적으로 사용할 수 있는 방법은 하나에 집중하는 겁니다. 그다음 중요한 게 꾸준히 하는 거예요. 요즘에는 워낙 많은 정보를 접하다 보니까 하나를 하다가 다른 게 또 좋은 것 같으면 하던 걸 포기하고 새로운 걸 다시 시작해요. 그러면 몸에 밸 정도로 습관화할 수 있는 게 아무것도 없어요.

습관은 생명을 가진 나무라고 생각합니다. 묘목을 심고 그 묘목이 뿌리를 내릴 때까지는 정성을 기울여 돌봐야 해요. 튼튼하게 뿌리를 내리면 그다음에는 돌봄 없이 혼자서도 잘 자라요. 습관도 마찬가지예요. 그런데 뿌리가 내리기도 전에 방치해 버리고 다시 다른 묘목을 심기를 반복하면 결국 단 한 그루의 나무도 제대로 키울 수 없습니다. 그렇기 때문에 하나에 집중해서 하고 그것이 몸에 배면 새로운 것을 시도해 병행하면 좋을 것 같습니다.

최설민 그러면 하고 싶은 것 하나를 선택해 그것을 자연스럽게 내 몸에 밴 좋은 습관으로 만들기 위해서는 얼마나 꾸준히 지속해야 하는 걸까요?

한상만 결론은 습관이 될 때까지입니다. 그러면 습관이 되었는지 안 되었는지를 어떻게 알까요? 확인하는 방법이 있습니다. 그냥 감으로 확인하는 방법과 숫자로 확실하게 확인하는 방법이 있습니다. 감으로 확인하는 방법은 '찜찜함'입니다. 예를 들어 자기 전에 양치하는 습관이 있는데 하지 않으면 뭔가 하나 빼먹은 것 같아 찜찜한 느낌이 들겠죠. 이런 느낌이 들면 습관이 몸에 밴 것이고, 별로 그렇지 않다면 아직 몸에 배지 않은 거니까 좀 더 꾸준히 의식적으로 해야 하는 거죠.

숫자로 확인하는 방법은 이를 진단하는 설문을 통해서입니다. 예를 들어 '내가 의식적으로 기억하지 않아도 이 행동을 한다'라는 식의 여러 문항에 점수를 매기고 그것을 바탕으로 습관이 되었는지, 안 되었는지를 파악할 수 있어요. 지금의 내 상태를 파악한 다음 일정 기간 뒤에 다시 또 해보면 습관의 정착 여부를 확인할 수 있습니다.

최설민 적립하듯이 좋은 습관을 하나하나 내 몸에 장착해 나가는 거군요. 성공한 사람들이 가지고 있는 습관 중에 우리가 체득하면 좋을 몇 가지 습관을 추천해 주신다면 어떤 게 있을까요?

한상만   하나는 결과를 기록하는 습관입니다. 성공하는 사람들은 자기 분야의 전문성을 가지고 있어요. 전문성을 키우는 습관이 있기에 가능한 일이죠. 심리학자 안데르스 에릭슨Anders Ericsson은 전문성을 쌓는 데 가장 좋은 방법이 의도적인 연습이라고 말합니다. 구체적인 목표를 세우고 내가 이 목표를 달성하는지를 측정하고 성찰하는 과정을 계속하는 거예요.

한때 '1만 시간의 법칙'이 유행한 적이 있는데, 자칫 잘못 이해하면 1만 시간만 하면 전문가가 되는 걸로 생각할 수 있어요. 단순한 반복을 10년, 20년 한다고 해서 전문가가 되진 않아요. 의도적인 연습을 1만 시간 이상 해야만 전문가가 됩니다.

측정과 성찰하는 것을 동시에 해결할 수 있는 게 바로 기록입니다. 오늘 내가 한 일을 기록하려면 우선 기억하고 확인하고 측정하게 돼요. 그리고 그것들을 기록하면서 잘한 것과 못한 것, 실수한 것들을 떠올리고 그 이유에 대해서도 생각하게 됩니다. 기록과 동시에 성찰이 이루어지는 거죠. 결과적으로 이런 기록과 성찰의 과정들이 나를 성장시키고 성공으로 이어지게 합니다. 내가 먹은 음식을 기록하면 다이어트가 되고, 지출을 기록하면 돈이 모이고, 업무를 기록하면 실력이 쌓여요.

또 하나는 상대방의 장점을 배우는 습관입니다. 그런데 이게 생각보다 어려워요. 상대방의 장점보다 단점이 먼저 눈에 들어오기 때문이에요. 하지만 세상에는 훌륭한 인격과 탁월한 실력을 동시에 가지고 있는 사람은 드물어요. 제가 논문을 쓸 때 300편 이상의 국제과학 논문을 쓴 한 교수님을 인터뷰하면서 뛰어난 연구 업적의 비결을 물어본 적이 있어요. 그분의 비결은 아주 간단했어요. 주변 사람으로부터 많이 배운다는 겁니다.

멘토, 지도교수, 선배, 동료는 물론이고 후배, 제자, 하물며 자녀들한테서도 배운다는 거예요. 대상에 상관없이 상대방의 장점을 찾아내 그것을 배우려는 그런 열린 마음이 있었기에 자신의 연구 분야에서 국내 최고가 되는 성공을 이룰 수 있었던 거죠. 이렇게 대상에 상관없이 상대방의 장점을 발견하고 그것을 배우면 본인이 성장하고 성공하는 데 분명 아주 큰 도움이 됩니다.

최설민 우리가 뭔가를 배우고 많은 정보를 얻어도 그걸로 끝나는 경우가 많은데, 어떻게 해야 그것들을 나의 좋은 습관으로 만들어 성공으로 이어질 수 있는지에 대해 아주 명확하고 구체적으로 말씀해 주셔서 크게 도움이 될 것 같습니다.

놀심의 한 줄로 배우는 심리학

* 전문적인 분야에서 성공한 사람들과 자신을 비교하며 자책하거나 포기하지 마세요. 전문적으로 많은 시간을 투자한 사람과 평범한 사람과는 당연히 그 결과가 다를 수밖에 없습니다.
* 상대방의 단점보다 장점을 보려 애쓰세요. 그것을 통해 배운 것들이 나의 성장과 성공으로 이어집니다.

PART 2

'싫다'고 말하는 사람이 사랑받는다

CHAPTER 3

매력적인 사람은 감정에 솔직하다

너무 이기적인 사람은 매력 없듯이

너무 이타적인 사람도 매력 없다고 느껴져요.

가장 이상적인 사람은 각각의 상황마다

내 욕구와 상대의 욕구를 잘 조율하는 사람이에요

늘 내주며 살았다면 오늘은 부탁해 보세요.

분명 상대도 기쁘게 도와줄 거예요.

살면서 꼭 곁에 둬야 하는,
절대 잃으면 안 되는 사람

김경일 | 아주대학교 심리학과 교수

자주 보지 못하고, 하는 일이 달라서
말이 그렇게 잘 통하지는 않지만
그럼으로써 적당한 거리를 유지할 수 있는
그런 느슨한 관계가 오히려 서로의 좋은 일을
흔쾌히 함께 기뻐해 줄 수 있는 좋은 사이이고
나에게 꼭 필요한 사람인 거죠.

최설민　주변에 사람은 많은 것 같은데 정작 위로받거나 도움을 청하려고 하면 선뜻 떠오르는 사람이 없는 경우가 많잖아요. 그럴 때 왜 내 주변엔 그런 사람이 없을까 하는 생각을 하게 되는 것 같아요. 우리가 살면서 이 사람만큼은 꼭 곁에 둬야 한다거나 잃어선 안 될 것 같은 사람이 있을까요? 그리고 어떻게 하면 그런 사람과 친밀한 관계를 유지할 수 있을까요?

김경일 가끔 나한테 쓴소리도 하고 그래서 때론 섭섭한 마음이 들기도 하지만 그럼에도 정말 잃으면 안 되는 사람이 있어요. 아마 내가 그 사람을 위해 기꺼이 나의 시간과 노력을 들여도 아깝지 않은 사람일 거예요. 무조건 곁에 둬야 하는 대표적인 경우는 내가 부러워하는 게 있는 사람이에요. 부러워하는 것과 질투는 엄연히 달라요. 예를 들어 옆집 농부가 좋은 소를 가지고 있는데 내가 그 소가 없어졌으면 좋겠다고 생각하는 건 질투고, 나도 그런 소를 가지고 싶다고 생각하는 건 부러움이죠.

저는 사람들에게 부럽다는 말을 많이 해요. 그렇게 살아 보니까 내 편이 되어줄 친구와 그렇지 않은 친구가 확연하게 구분되는 거예요. 내가 부럽다고 말했을 때 "알았어. 너도 갖게 해줄게", "너도 이렇게 하면 잘될 거야"라며 도와주는 사람은 나를 좋아하는 친구인 거죠. 그런데 보여주기만 하고 절대 그것을 갖거나 성취할 방법을 안 가르쳐주는 사람은 날 안 좋아하는 친구예요. 그래서 내가 부러워하는 걸 가지고 있으면서 나도 그것을 가질 수 있도록 도와주는 사람이 내 곁에 둬야 하는 정말 괜찮은 사람이라고 생각합니다.

또 하나는 내가 슬플 때 함께 공감해 주는 사람보다는 나에게 정말 좋은 일이 생기거나 내가 잘되었을 때 진심으로 기뻐해 주는 사람이에요. 사실 대부분의 사람이 친구가 정말 잘되었을 때 마냥 기뻐하기가 쉽지 않거든요. 내 몫의 파이가 줄어든다고 생각하기 때문이에요. 그런데도 내가 좋은 일이 생겼을 때 진심으로 좋아해 주는 사람은 정말 나를 좋아하는 거죠. 심지어 선의의 경쟁자인데도 기뻐해 주는 사람이라면 정말로 평생 잃어서는 안 되는 사람이에요.

사실 가족끼리도 나의 성공을 쉽사리 말하지 못할 수 있어요. 심지어 배우자의 성공을 질투하거나 연인의 좋은 일에 마냥 기뻐하지 못하는 사람도 있죠. 우리가 속이 좁거나 못나서가 아니에요. 그만큼 나를 바라보거나 나한테 집중하는 시간이 적어져서 그럴 수도 있고, '나는 뭘 한 거지?'라는 허전함 때문에 그럴 수도 있죠. 그런 면에서 본다면 어느 정도 거리를 두는 관계가 오히려 더 소중할 수도 있어요.

진심으로 함께 기뻐해 주는 사람

최설민 늘 내 곁에 가까이 있는 사람만이 소중한 게 아니라 적당히 거리를 유지하는 관계지만 내가 잘되었을 때 진심으로 기뻐해 주는 사람이 더 소중한 사람일 수도 있다는 말씀인 거네요.

김경일 그렇죠. 제 지인 중에 카센터를 운영하는 친구가 있는데, 그 친구 사업이 잘되니까 제가 질투가 나기보다 진심으로 기쁜 거예요. 생각해 보면 오히려 나와 적당한 거리를 유지하는 친구이기 때문에 그럴 수 있었던 것 같아요. 적당한 거리는 절대 나쁜 게 아니에요. 여기서 말하는 '거리'는 '안 친하다'의 동의어가 아니거든요. 가령 일하는 분야가 다르면 약간의 거리가 있을 수 있고, 삶의 방식이 다르면 자주 만나기 어렵겠죠.

어떤 이유로든 적당히 거리를 둠으로써 서로의 좋은 일에 진심으로 기뻐해 줄 수 있는 아주 좋은 관계가 되기도 해요. 살다 보면 내가 상대방의 좋은 일에 같이 즐거워하는 경험이 나에게 굉장한 에너지가 됩니다. 또 그렇게 했을 때 나 스스로 꽤 괜찮은 사람이라는 생각이 들기도 하죠. 자주 보지 못하고, 하는 일이 달라서 말이 그렇게 잘 통하지는 않지만 그럼으로써 적당한 거리를 유지할 수 있는 그런 느슨한 관계가 오히려 서로의 좋은 일을 흔쾌히 함께 기뻐해 줄 수 좋은 사이이고 나에게 꼭 필요한 사람인 거죠.

최설민 우리는 흔히 가까워야 친하고 어느 정도 거리가 있으면 별로 안 친한 관계라고 생각하는데, 말씀을 듣고 보니 관계에 거리가 있는 게 꼭 나쁜 것만은 아니라는 생각이 듭니다. 오히려 적정한 거리가 있기에 더 친해질 수 있는 게 아닌가 싶어요. 그러면 삶의 폭도 한층 넓어질 수 있을 것 같아요.

김경일 그렇죠. 너무 가까우면 오히려 서로 힘들기 때문에 적정한 거리를 두는 게 필요한 경우도 있죠. 주변에 보면 시부모와 잘 지내는 며느리가 있어요. 그게 가능한 이유는 시부모와의 관계가 느슨하고 어느 정도 거리가 있기 때문이에요. 만약에 시부모가 며느리에게 하루에 두 번씩 전화하고 이틀에 한 번씩 집에 온다고 하면 물리적으로 가까워질지는 모르지만 좋은 관계가 유지되기는 어렵죠. 그렇게 자주 보다 보면 몰라도 될 것까지 알게 되면서 서로의 단점이 눈에 들어와요. 섭섭한 감정도 생기고요.

어느 정도 거리를 두고 느슨하게 관계를 유지하면서 '이 정도가 딱 좋다'는 느낌을 만들어내면 그것 자체로 훌륭한 재산인 거죠. 제 경우 1년에 한두 번 연락을 주고받는 친구가 있어요. 그녀는 매년 자기 가족과 함께 찍은 사진을 보내줘요. 자주 만나지 못하는 사람들에게 자기 아이들의 성장과 자기와 남편의 나이 들어가는 모습을 보내주는 거예요. 더할 나위 없이 고맙고 기분 좋은 일이죠. 그렇게 1년에 한두 번 연락을 주고받지만 우리는 타인에게 서로를 가까운 친구라고 소개해요. 이렇게 자주 볼 수 없는 느슨한 관계지만 진심을 주고받는 사이가 얼마든지 존재할 수 있어요.

최설민　물리적 거리나 만남의 빈도가 가까운 관계를 규정하는 척도는 아니라는 말씀인 거네요. 우리 모두 그런 고정관념에서 조금 벗어나야 하지 않을까 싶어요. 그러면 적당히 거리를 둔 그런 느슨한 관계를 유지하기 위해서는 어떤 노력이 필요할까요?

김경일　실제로 그와 관련한 연구 결과가 있어요. 자주 못 만나는 사람과는 가지면 좋은 것들, 즉 접근 동기에 대한 대화를 더 많이 하라는 거예요. 하지만 인생이 어떻게 매번 접근 동기에 대해서만 이야기할 수 있겠어요. 일어나면 안 되는 일을 막는 것, 즉 회피 동기에 대한 이야기도 해야 하죠. 그런 회피 동기에 관한 대화는 자주 보는 사람들과 나누는 게 좋아요. 자주 볼 수 없는 접근 동기형 관계에서는 자질구레한 이야기를 나누는 건 별로 좋지 않아요.

과거에는 이 개념을 어부인 아버지와 어머니에 비유하곤 했어요. 아버지는 한번 출항하면 보름에서 한 달 만에 집에 돌아오고 그 대신 어머니가 아이들 곁을 지켰죠. 그러다 보니 자연스럽게 어머니와는 회피 동기에 관한 이야기를 많이 하고, 아버지와는 접근 동기에 관한 이야기를 하게 되는 거예요. 오랜만에 집에 오는 아버지에게 어디가 불편하다거나 양말에 구멍이 났다거나 친구와 싸웠다거나 하는 말을 할 수는 없잖아요. 또 그 아버지 역시 오랜만에 보는 아이들에게 엄마가 하듯 자질구레한 잔소리를 할 수는 없죠. 그러니까 자연스럽게 아버지와는 접근 동기에 관한 대화를 하게 되는 거예요.

늘 가까이에 있는 어머니는 아이에게 "아유 못난 놈!"이라고 말해도 괜찮아요. 아이는 불과 30분 만에 잘난 짓을 하면 되니까요. 하지만 한 달짜리 출항을 떠나는 아버지가 아이에게 "못난 놈!"이라고 하고 간다면 그 아이는 아버지가 돌아올 때까지 못난 놈인 거예요. 그래서 그런 아버지는 차라리 부재하는 게 낫다는 말이 있어요. 아버지가 부재하면 아이는 꿈을 키울 수 있기 때문이에요.

실제로 미국 대통령의 상당수가 어렸을 때 아버지를 잃었어요. 그것은 곧 결핍으로 인해 욕구나 소망을 더 많이 키웠다는 것을 의미해요. 가족처럼 가깝고 자주 보는 관계, 늘 붙어 있는 관계는 내 인생에서 일어나면 안 되는 일을 막아주는 기능을 해요. 반면에 자주 못 보는 관계, 느슨한 관계는 우리로 하여금 소망을 가질 수 있게 하는 아주 좋은 기능이 있어요. 그러니까 우리에게는 이 두 관계가 다 있어야 해요.

때때로 도와달라고 말할 수 있는 사람

최설민 나에게 어떤 고민이 있을 때는 가까이 있는 사람에게 털어놓는 게 좋고, 거리가 있는 사람에게는 내가 소망하는 것을 이야기하는 게 지혜로운 인간관계의 스킬이라고 보면 될까요?

김경일 거기에 조금 더 구체적으로 보태자면, 경희대학교 백종우 교수님께서 이런 말을 했어요. 정말 힘들어서 자살까지 생각하는 사람들이 자기의 어려움을 털어놓는 대상은 가까운 사람이 아니고 좋아하는 사람이라고요. 그러니까 가까운 사람이라고 해서 무조건 힘든 걸 이야기할 수 있는 건 아니에요. 가족인데도 고민을 말하지 못하는 경우는 아주 많죠. 다만 좋아하는 사람이라고 해서 나의 모든 고민을 다 이야기할 수 있는 건 아니고 고민의 종류와 좋아함의 거리에 따라 달라져요. 고민 역시 회피 동기적인 것과 접근 동기적인 것으로 나뉘기 때문이에요.

일어나면 안 되는 일을 못 막아서 힘든 고민은 가까이에 있는 좋아하는 사람과 나누고, 내가 꼭 이루고 싶은 것들에 대한 고민은 자주 보지 못하고 먼 거리에 있는 좋아하는 사람과 나누는 게 좋아요. 가까이에 있는 좋아하는 사람에게는 가령 "나이거 정말 갖고 싶은데 방법이 없을까", "나 이런 논문 한번 써보고 싶은데"라고 이야기해 봐야 고민이 해결되지 않아요. 그런 고민은 멀리 있거나 자주 만나지 못하는 좋아하는 사람과 나누는 게 좋고, 가까이에 있는 좋아하는 사람에게는 "나한테 이런 안 좋은 일이 일어나고 있어서 많이 힘들어"라고 털어놓는 게 훨씬 효과적이에요.

최설민 누군가 나에게 자신의 고민을 털어놓는다는 것 자체가 그 사람이 나를 소중하게 생각하거나 좋아한다는 것의 또 다른 표현일 수도 있겠네요.

김경일 그렇죠. 그런데 고민의 종류, 즉 회피 동기적이냐,

접근 동기적이냐에 따라 내가 상대방에게 해줄 수 있는 게 달라져요. 또 상대방이 나와 늘 함께하는 관계인지, 멀리 떨어져 있어서 자주 못 만나는 관계인지에 따라서도 다르죠. 제 경우 매일 얼굴을 보는 동료 교수가 저한테 고민을 이야기하면, 우리는 공명 운동체니까 나쁜 걸 서로 막아주거나 서로를 안전하게 지켜주거나 서로가 힘들 때 에너지 보충제 역할을 더 잘할 수 있을 것 같다고 말해줘요. 반대로 먼 거리에 있는 친구가 자기에게 일어나면 안 되는 일을 막아 내느라 애쓰며 힘든 상황을 털어놓으면 난감할 때가 있어요. 저는 가까이에서 언제든 그 친구를 도울 수 있는 입장이 아니니까요.

최설민　그러면 누군가와 가까워지고 싶고, 또 좋은 관계를 유지하기 위해서는 어떤 말이나 행동이 도움이 될까요?

김경일　우리나라 문화에서 순간적으로 '우리'라는 느낌을 강하게 갖게 하는 말이 있어요. 바로 '도와달라'는 거예요. 가령 이웃 간에 친하지 않게 지내다가 한쪽에서 "좀 도와주실 수 있으세요?"라고 말하는 순간 사이가 확 친밀해져요. 또 이혼하자는 말이 나올 정도로 부부싸움을 했는데 아내가 "이것 좀 잠깐 도와줄 수 있어?"라고 하면 금방 화가 풀리면서 "알았어"라고 하게 되죠. 우리나라 문화에서는 '도와 달라'는 말이 구조의 신호라기보다는 당신과 나, 즉 '우리는 공동체'라는 일종의 암시예요. 그래서 친구 간이든 선후배 간이든 직장에서든 "나 좀 도와줄 수 있어?"라는 말을 조금씩 해보는 게 좋아요.

최설민 특히 선배나 직장 상사에게는 어려워서 그런 부탁의 말을 할 수 없다고 생각했는데 오히려 도움을 청하는 말을 해야 사이가 가까워질 수 있는 거군요.

김경일 그렇죠. 반대로 우리 주위에 절대로 다른 사람에게 도와달라는 말을 안 하는 사람이 있어요. 그런 사람과는 친해지기가 어려워요. 도와달라는 말을 안 하는 이유가 빚진다고 생각하기 때문이에요. 빚진다는 건 곧 거래관계라는 뜻이죠. 주변 사람들에게 지나치게 도움을 요청하는 사람도 함께 수렁에 빠지는 느낌이 들어 부담스럽지만, 어떤 상황에서도 절대 도와달라는 말을 안 하는 사람도 거리감이 느껴져서 친해지기가 어려워요.

도와달라는 말을 서로 어느 정도로 주고받는지에 따라 관계의 밀도가 달라진다고 볼 수 있어요. 도와달라는 말의 의미가 진짜 큰 도움이 아니라 아주 소소한 것일 수도 있어요. 특히 우리나라 문화에서 도와달라는 말은 당신과 나는 공동체이며 친밀한 관계라는 걸 암시하는 거죠. 누군가와 좀 더 가까워지고 싶다면 도와달라는 말을 적절히 사용해 볼 필요가 있어요.

놀심의 한 줄로 배우는 심리학

* 내가 부러워할 때 선뜻 "너도 이렇게 하면 잘될 거야"라며 도와주는 사람이 있어요. 그 사람은 정말 나를 좋아하는 친구입니다.
* 누군가와 잘 지내고 싶다면 먼저 '도와달라'는 말을 해보세요. 그 말에는 우리는 공동체이며 친밀한 관계라는 암시가 담겨 있습니다.

좋은 인간관계를 위해 꼭 필요한 애티튜드

장성숙 | 가톨릭대학교 심리학과 상담 전공 명예교수

내 감정이나 생각이 나쁘지 않다는
확신이 있을 때 거리낌 없이 표현하게 되는데,
그것들을 그때그때 표현하는 게
몸에 배면 내가 편안해지고,
내가 편안하고 당당하고 자연스러우면
상대방도 그런 나를 좋아하게 되죠.

최설민 우리는 여러 종류의 인간관계 속에서 살아가잖아요. 어떤 사람과의 관계는 유독 피곤하게 느껴지기도 하고, 또 어떤 관계는 늘 손해 보는 느낌이 드는가 하면, 또 항상 서로를 기분 좋게 하는 관계도 있어요. 그런데 매번 파괴적인 인간관계를 맺고 그로 인해 힘들어하는 사람들이 있어요. 상대방에게 문제가 있어서 그럴 수도 있겠지만, 그렇더라도 그런 사람들만이 가지고 있는 특징이 있나요?

장성숙 인간관계에서 늘 자기중심적이기만 한 사람은 누구나 싫어하죠. '뭐 저런 인간이 있어' 하고 관계를 끊어버려요. 반대로 뭐든 상대방 중심으로 신경 써주는 사람이 있어요. 그러면 상대방은 좋겠지만 본인은 지쳐서 어느 순간 몹시 피곤해하며 잠수 타듯 그 관계를 끊어버려요.

자기중심적인 것, 타인중심적인 것, 이 둘의 균형을 맞추기가 어려워서 원칙중심적으로 행동하는 사람들도 있어요. 뭐든 규칙대로, 법대로 하는데 그 또한 갑갑한 면이 많죠. 가장 이상적인 것은 상황을 직시하고 순간순간 깨어 있음으로써 내 욕구와 상대방의 욕구를 균형 있게 맞춰나가는 거예요.

최설민 그런데 관계 속에서 매 순간 깨어 있기가 어려울 것 같아요. 그 깨어 있다는 표현을 어떻게 받아들이면 좋을까요? 가령 대화할 때 그냥 말하는 대로 흘러가는 게 아니라 내가 상대방에게 필요 이상으로 잘해주고 있다는 것을 자각하거나 혹은 그 반대로 내 위주로만 생각하고 있다는 것을 자각하는 것을 깨어 있다고 볼 수 있을까요?

장성숙 깨어 있다는 것은 우선 내 안의 분노나 치우침이 없어야 중심을 잡고 안과 밖을 바라보는 것인데, 그게 쉽지 않죠. 그렇더라도 자신감을 가지고 사회적 상식을 익히면 그렇게 어려운 일만도 아니에요. 일단 기본적으로 안정적인 성장이 필요해요. 가급적 원만한 관계를 유지하는 사람들은 그게 자연스럽게 형성되죠. 지나치게 경쟁적이거나 자기 잇속만을 차리지 않아요. 그러면 주변 사람들도 불편해하지 않아요. 그런 태도를 가질 수 있도록 신경 쓰는 게 곧 자기를 성찰하고 깨어 있는 거라고 볼 수 있죠.

따뜻한 관심과 책임감이 좋은 관계를 만든다

최설민 매 순간 깨어 있지 못하고 원만한 관계를 유지하는 게 힘든 사람들은 어떤 마음가짐으로 인간관계를 맺는 게 바람직할까요?

장성숙 우리의 삶은 처음부터 끝까지 '관계'로 이뤄져요. 그렇기 때문에 원만한 인간관계를 맺으려면 따뜻한 관심을 가져야 한다고 생각해요. 대상이나 사물에 대해 긍정적인 관심과 책임감을 가진 사람들은 대부분 밝고 원만한 관계를 유지해요. 그런데 요즘 많은 사람들이 이 책임에 대해 신경을 덜 쓰는 것 같아요. 하지만 관계에 대해 책임지려는 태도는 상당히 중요해요. 책임감이 있으면 관계 속에서 그렇게 모난 사람이 되진 않아요.

최설민 그렇게 하기 위해서는 마음에 여유가 있어야 할 것 같아요. 내 안에 감정의 찌꺼기가 남아 있지 않아야 하고, 그럼으로써 여유가 생겨야 상대방에 대한 따뜻한 관심과 책임감이 생겨 좋은 관계를 맺고 유지할 수 있지 않을까요?

장성숙 그렇죠. 마음의 찌꺼기는 그때그때 배설하지 못한 부정적인 감정이에요. 왜 배설하지 못했을까요? 상대방이 두렵거나 소통이 되지 않거나 등등 여건이 받쳐주지 않아서 표현하지 못한 거죠. 그런 감정을 편하게 표현할 수 있도록 주변에서도 환경을 만들어줘야 하지만 본인 역시 여건에 휘둘리지 않으려는 노력이 필요해요. 자기를 사랑하는 것의 기본은 자기의 희로애락 감정에 충실한 거예요. 그때그때 속상한 것, 즐거운 것, 슬픈 것, 화나는 것을 표현하는 게 나 자신을 사랑하는 것이고, 내가 나를 사랑함으로써 마음의 상태가 편안해지면 주변 사람들도 나에게 호감정을 갖게 되죠.

최설민 자존감이나 자아정체성이 높아지기 위해서는 내 감정을 솔직하게 표현하는 게 굉장히 중요한 거네요.

장성숙 그렇죠. 그것이 자유로움이고 자존심의 기초가 되는
거예요. 내가 그리 나쁘지 않다는 확신이 있을 때 자기의 감
정이나 생각을 스스럼없이 말할 수 있는 거잖아요. 우리는
자신이 느끼는 감정이나 생각이 그렇게 나쁘지 않을 거라
는 확신이 있을 때 거리낌 없이 표현하게 되는데, 그게 몸에
배야 남이 볼 때도 당당해 보이고 자연스럽고 멋있잖아요.

그런 마음가짐을 갖고 살아가기 위해서는 자기를 사랑하고
타인을 존중함으로써 우리가 공존하는 게 가장 행복한 일
이라고 생각하면 좋을 것 같아요. 인간은 혼자서는 행복할
수가 없잖아요. 어떤 대상이 있어 나를 지지하고 반겨주어
야 행복을 느낄 수 있는 거니까 나만 소중한 게 아니라 대상
도 소중하다는 걸 알아야죠. 나를 사랑하고 대상을 사랑하
면 아무래도 마음이 편해지고 관계가 원만해지죠.

자신감이 있으면 주변에 휘둘리지 않는다

최설민 다양한 인간관계를 맺다 보면 어떤 관계는 나에게
도움이 되지만 어떤 관계는 도움이 되지 않기도 하잖아요.
그렇다면 나를 지지해 주고 나에게 도움이 될 가능성이 높

은 사람과의 관계를 우선으로 생각해야 하는 건가요?

장성숙　관계는 목적으로 시작하는 게 아니라 결과적으로 나오는 거예요. 나 스스로 당당하고 또 상대방을 존중하는 그런 마음만 있으면 관계는 자연 발생적으로 생겨나는 거니까 처음부터 너무 관계를 의식할 필요가 없어요. 오히려 관계를 의식하는 순간 더 부자연스러워지죠. 내 감정이나 생각을 그때그때 표현할 줄 아는 게 몸에 배면 내가 편안해지고, 내가 편안하면 상대방도 그런 나를 좋아하게 되어 있어요. 관계는 결과적으로 얻어지는 것이지 처음부터 거기에 매일 필요는 없어요.

제 책에 "어쩔 수 없다는 말을 던져 버려라"라는 구절이 있어요. 쉽게 포기하지 않았으면 좋겠다는 뜻이에요. 어떤 관계를 맺을 때나 어떤 문제를 해결할 때 어쩔 수 없다는 말로 쉽게 포기하지 말라는 뜻인 거죠. 우리는 모두 살아 있는 생물이잖아요. 고정된 게 아니라 수시로 변해요. 나에게도 여린 구석이 있으면 상대방에게도 분명 그런 면이 존재하기 때문에 쉽게 단정하고 포기하지 말라는 거예요. 관계에 문제가 생겼더라도 잘 살펴보면 상대방에게 어떤 구멍이 있어요. 그것을 잘 찾아서 접근하면 다 풀리게 되어 있어요.

최설민 어떤 관계로 인해 굉장히 힘들거나 혹은 내 마음속의 문제 때문에 이미 포기해 버린 사람들이 많다고 생각하거든요. 그런데 그걸 어쩔 수 없다고 포기하지 말고 찬찬히 들여다보면서 문제점을 한 번 더 어루만지라는 말씀인 것 같습니다.

장성숙 상담을 하다 보면 도저히 어쩔 수 없다면서 등을 지고 오는 부부들이 있어요. 그런데 문제의 시작점을 찾아 거슬러 올라가 보면 의외로 아주 단순한 문제로 서로 등지게 된 경우가 많아요. 그래서 문제를 해결하기 위해서는 현재 드러나 있는 엄청난 사태를 다루는 게 아니라 그 시발점에서 실마리를 찾아 풀어나가면 의외로 화해의 길이 열려요. 그러니까 어떻게든 해결의 단서를 찾을 수 있으니 서둘러 포기하는 일이 없기를 바라요.

최설민 교수님께서는 편안하고 원만한 관계를 맺는 데 가장 중요한 부분이 무엇이라고 생각하시는지요?

장성숙 가장 우선은 자신감이죠. 나의 감정이나 생각이 틀리지 않을 거라는 자신감이 있고, 또 자기에 대한 존중이 있으면 상대방에 대한 존중도 자연스럽게 생겨나요. 그래서 자신감이 가장 필요하다고 봐요. 자신감은 상호작용하는 가운데 승인, 지지, 공감, 이해를 받은 사람들이 클 수밖에 없어요.

예를 들어 누군가로부터 싫은 소리를 들었을 때 취약한 사람들은 쉽게 불이 붙어요. 그래서 오히려 그것을 증폭시키죠. 하지만 자신감이 있는 사람은 얼른 자기 자신을 돌아봐요. 내가 그렇게 심한 이야기를 들을 만큼 실수한 게 없다는 생각이 들면 지금 상대방의 상태가 불편해서 그런 거라고 여기고 오히려 그 사람을 이해하려고 하죠. 그러면 상대방은 어떻겠어요? 미안하기도 하고 고맙기도 하겠죠.

내면이 약한 사람은 어떤 자극이 들어왔을 때 쉽게 노여워해요. 그러지 말고 얼른 자신을 돌아보고 나에게 실책이 있다면 사과를 하면 되고, 그렇지 않다면 상대방이 무슨 안 좋은 일이 있어서 그런 거라고 이해하면 돼요. 그러면 상대방도 자신의 언행이 너무 심했다거나 오해했다는 걸 알아차리게 되고 그러면서 관계가 쉽게 전환되죠.

최설민 외부로부터의 자극에 즉각적으로 반응해 욱하는 모습을 보이는 것은 내 마음을 솔직하게 표현하는 것이라기보다 오히려 자신감 없는 약한 모습을 보여주는 거네요.

장성숙 그렇죠. 자신감이 있는 사람들은 중심이 잡혀 있어서 상대방의 장단에 휘말리지 않아요. 좀 더 객관적으로 상황을 분석할 수 있는 거죠. 나 자신은 물론이고 상황을 객관화할 수 있는 힘은 자신감과 비례한다고 봐요. 마음의 중심을 잡는 게 중요한 포인트예요. 관계를 잘 맺기 위한 기본 조건은 그때그때 말을 가볍게 하는 거예요. 그러면 울분도 정화되고 엉켜 있는 사고도 정리되면서 감정의 찌꺼기가 남지 않죠. 우리가 함께 잘 살아가기 위한 기본은 곧 말이에요. 말이 관계를 형성하고 그 관계 속에서 우리의 행복과 불행이 결정되니까요.

놀심의 한 줄로 배우는 심리학

* 자기중심적이거나 지나치게 타인중심적인 건 관계에 도움이 되지 않아요. 좋은 관계의 시작은 내 욕구와 상대방의 욕구를 균형 있게 맞춰나가는 일입이다.
* 내 감정을 표현하는 데 솔직해지세요. 감정의 찌꺼기가 남아 있지 않아야 상대방에게 관심과 책임감이 생겨 좋은 관계를 맺고 유지할 수 있습니다.

시간 낭비 없이 진짜
좋아하는 일을 찾는 방법

이현주 | 연세대학교 미래융합연구원 연구교수

사람마다 지문이 다르듯이 우리는 모두
나만의 고유한 창조성을 갖고 태어나요.
저는 그것을 나만의 길이라고 생각해요.
길을 잃은 것 같아 불안하고 모호한 상황이 계속되면
나의 과거를 들여다보세요. 진짜 신나고 즐거웠던
나의 기억 속으로 들어가 보는 거예요.

최설민   시대가 빠르게 변화하면서 우리는 안정적이고 낙관
적인 미래를 기대하기 어려운 현실을 살고 있어요. 당연히
성공을 이루기 어려울 거라는 불안감이 커지고, 그로 인해
무력감에 시달리는 젊은 세대가 점점 더 많아지는 것 같아
요. 현실이 그렇더라도 불안감과 무력감을 떨쳐내야 어떻
게든 건강한 일상을 살아갈 수 있을 텐데, 나 자신을 잃지
않으면서 나의 길을 찾을 방법이 있을까요?

이헌주 불안은 마치 안개 같은 느낌이에요. 온통 뿌옇기만 해서 아무것도 보이지 않죠. 그래서 불안감에 빠진 사람들은 둘 중 하나의 방식을 많이 써요. 거기에서 벗어나기 위해 정신없이 뭔가를 하거나 많은 걸 포기하고 무기력해지는 거죠. 불안은 대상이 명확하지 않다는 특징을 가지고 있어요. 그래서 너무 불안하면 더 열심히 뭔가를 하거나 포기하거나 둘 중 하나로 드러날 뿐 내가 무엇 때문에 불안한지 정확하게 파악하려는 생각을 하지 못해요.

불안은 그 기원이 무엇이고 어떤 문제가 있는지를 살펴보는 게 중요해요. 예를 들어 내가 지금 불안하다는 생각이 스치면 즉시 메모지나 스마트폰을 꺼내서 내가 무엇 때문에 불안한지를 적어보는 거예요. 그렇게 30회 정도 해보고 그 메모를 살펴보면 내 불안의 이유가 그때그때 다 달라요. 언제, 무엇 때문에 불안했는지 명확하게 알고 나면 불안에 대처할 힘이 좀 생겨납니다.

최설민 그런 과정을 거쳐 내가 무엇 때문에 불안했는지를 알아차리면 그 불안이 두려움으로 바뀔 수도 있을까요?

이헌주 사실 불안을 두려움으로 만드는 건 아주 중요해요.

귀신을 보면 처음에는 너무 무서워서 내가 도저히 감당할 수 없는 공포처럼 느껴지죠. 그런데 두 번, 세 번 반복해서 계속 나타나면 그다음부터는 공포는 사라지고 코미디처럼 느껴져요. 불안도 마찬가지예요. 처음에는 죽을 것처럼 힘들어도 내가 무엇을 두려워했는지 알게 되면 같은 상황에 놓였을 때 두려움이 훨씬 줄어들죠. 그리고 두려움의 대상이 명확해지면 어떻게 대처해야 하는지 서서히 방법이 떠올라요.

또 하나는 긍정적인 것들을 증진하는 방법이에요. 정신분석학자 도널드 위니컷Donald Woods Winnicott은 "사람마다 태어날 때부터 갖고 있는 창조성이 있다"고 말해요. 사람마다 지문이 다르듯이 우리는 모두 나만의 고유한 창조성을 갖고 태어난다는 거예요. 저는 그것을 나만의 길이라고 표현해요. 지금까지 걸어온 길이 있고, 현재 서 있는 길이 있고, 앞으로 걸어가야 할 길이 있어요. 내가 뭔가 불안하고 길을 잃은 것 같고 뭘 해야 할지 모르는 모호한 상황이 펼쳐질 때는 나의 과거를 들여다보는 게 좋아요.

그런데 이때 '내가 잘하는 건 뭘까?'라고 묻는 건 바람직하지 않아요. 왜냐하면 내가 아무리 잘하는 걸 찾아내도 반드시 나보다 잘하는 사람이 존재하기 때문이에요. 이것을 상대적 박탈감이라고 해요. 그래서 내가 잘하는 걸 찾는 게 우선이 아니라 질문을 바꿔서 해야 합니다. 보상이 따르진 않았지만 어렸을 때 내가 신나고 즐거워한 일들을 먼저 묻는 거예요. 예를 들어 농구를 좋아했다면 농구를 하면서 구체적으로 어떤 순간에 기분이 좋고 신이 났었는지를 되짚어 보는 거죠. 가령 3점 슛을 쐈는데 그게 들어갔던 그 순간이 가장 짜릿하고 신나고 행복했다면 그것이 나의 진짜 즐거움인 거예요.

좋아하는 일을 먼저 찾은 뒤 잘하는 일을 찾아라

최설민 단순히 농구를 좋아했다고 단정짓는 게 아니라 농구를 하면서 어떤 순간에 정말 짜릿하고 즐거웠는지를 구체적으로 찾아야 하는 거네요?

이헌주 그렇죠. 똑같이 농구를 좋아했어도 어떤 순간에 진짜 신나고 즐거웠는지는 사람마다 다 달라요. 요리하기를 좋아한다고 해도 사람마다 즐거움의 포인트는 다르죠. 내가 만든 요리를 사람들이 맛있게 먹는 걸 볼 때 즐거운 사람이 있고, 어떤 사람은 과학적으로 레시피를 재현하는 과정에서 즐거움을 느끼는 사람도 있어요. 또는 최고의 요리를 맛보는 즐거움을 누리고 싶어서 음식을 만드는 사람도 있죠. 그런 순간들을 끄집어내는 게 대단히 중요합니다.

먼저 내가 좋아했던 것들을 찾아 목록을 만들고, 그중에서 내가 잘할 수도 있는 것을 찾아내는 겁니다. 그런 다음 그것을 10시간씩 하는 게 아니라 10~20분씩 놀이하듯 일상에서 경험하면 잃어버렸던 길을 찾을 수 있어요. 진로를 선택할 때도 마찬가지예요. 만약에 내가 영화를 좋아한다는 걸 알아냈어요. 그런데 한 편의 영화가 만들어지기까지는 배우, 연출자, 제작자, 미술감독, 음악감독 등등 많은 사람들의 공동 작업이 필요해요. 그중에서도 특히 내가 어떤 부분에서 즐거움을 느끼는지 구체적으로 찾아내는 게 먼저입니다.

최설민 많은 사람들이 자신이 진짜 좋아하는 것을 놓치고 살아가는 경우가 많은 것 같아요. 그런 면에서 본다면 어쩌면 불안은 내가 좋아하는 걸 망각한 채 살아가고 있어서 생겨나는 것일 수도 있다는 생각이 듭니다.

이헌주 그렇죠. 내가 진짜 좋아하는 뭔가를 찾으면 그 순간 작게라도 어떤 성취감을 느끼게 되고 그런 순간들이 모이고 모이면 도전 의식이 생겨나요. 그래서 불안감을 뒤집으면 도전감이 됩니다. 우리가 무섭고 두려운데도 돈을 지불하면서까지 번지 점프를 하는 이유는 그것을 실행하려는 도전감과 하고 났을 때의 성취감 때문이에요. 불안을 다룰 때 불안 자체를 뚫고 나갈 수 있는 도전감, 즉 내적 동기를 끌어올리는 방법도 있어요.

최설민 우리는 보통 불안감의 반대가 성취감이라고 생각하기 쉬운데 그 둘이 결코 대척 관계가 아니라 함께 가야 하는 개념이었던 거네요.

이헌주 요즘 자존감에 대해 많이 이야기하는데 사실 그보다 더 관심을 가져야 하는 개념이 자기효능감이에요. 자기효능감은 위기 상황에서 빛을 발해요. 어떤 상황에서든 내가 할 수 있는 것을 찾아내고 문제를 해결하겠다는 신념이자 능력이거든요. 자기효능감을 이루는 구성 요소 중 하나가 성취감이에요. 그래서 작은 것들을 성취하는 경험이 많이 필요해요. 아이들이 구슬치기나 딱지치기 같은 놀이를 하면서 이겼을 때 만세를 부르며 환호하는 것처럼 그런 작은 성취감을 맛보는 경험이 쌓이면 불안한 상황에서 내적 동기를 끌어올리는 데 도움이 될 수 있어요.

다른 사람이 볼 때는 그다지 생산적이지 않은 일로 보이더라도 지금 다시 도전함으로써 작은 성취감을 맛보는 것은 불안한 상황에서 나만의 나침반을 갖게 되는 거예요. 이 나침반은 내 안에 있는 나만의 고유성이에요. 그 고유성의 두 기둥은 내가 진짜 좋아하는 것과 내가 정말 좋아하는 것이에요. 내가 좋아하는 것 속에서 잘하는 것을 찾아내는 것은 다른 사람과 비교하는 게 아니니까 상대적 박탈감이 들지 않아요.

최설민 내가 좋아하는 걸 찾는 게 곧 나의 길을 알려주는 나침반이고, 그 나침반은 내 안에서 찾아야 하는 거네요. 그리고 그 나침반을 잃지 않으면 어떻게든 불안감을 떨쳐낼 힘이 생기는 것이군요.

이헌주 맞아요. 요즘 젊은 친구들이 진로를 선택할 때 "남들이 다 코딩하니까 나도 코딩이나 좀 해볼까?"라는 식으로 말하는 경우가 있어요. 그런데 다른 분야도 그렇지만 그 세계가 그렇게 만만치 않아요. 나에 대해 숙고하지 않고 시류에 편승해서 정보와 지식을 쌓아나가는 것은 나를 위한 지름길이 아니라 오히려 독이에요. 나의 길을 찾으려면 먼저 나만의 정확한 나침반을 찾는 것에서부터 시작해야 합니다. 내가 좋아하

는 것, 잘하는 것을 찾은 다음 그것을 직업 세계와 연결하는 게
나의 길을 찾는 올바른 방법이에요.

도약의 힘은 한 발 뒤로 물러나야 생긴다

최설민 내가 좋아하는 걸 찾기 위해 지금 바로 실행할 수 있
는 방법으로는 어떤 게 있을까요?

이헌주 너무 불안해서 어떻게든 빨리 해야 한다고 생각하
면 오히려 놓치기 쉬워요. 그럴 때일수록 한 발 뒤로 물러서
야 돼요. 인간은 그렇게 강한 존재가 아니다 보니 당장 오늘
부터 새벽 5시에 일어나 조깅하고 어학 공부하는 식으로 루
틴을 짜기보다는 나 자신을 관조할 수 있도록 한 발 뒤로 물
러서는 여유가 필요해요. 우리가 어떤 장애물을 뛰어넘기 위
해서는 도약이 필요하잖아요. 제자리에 서서 뛰면 넘기 어려운
장애물도 뒤로 몇 발 물러났다가 도약하면 충분히 뛰어넘을 수
있는 것과 같아요. 급하게 달려가려고만 하면 관조의 기회를
놓쳐버려요.

아쉽게도 요즘 사람들은 상식과 지식은 많은데 성찰 능력

이 떨어지는 경우가 많아요. 내가 좋아하는 게 뭔지 모르고, 심지어 어린 시절을 어떻게 보냈는지에 대한 기억이 삭제된 경우도 있어요. 그래서 더더욱 자기의 기억 혹은 추억을 불러일으키고 자신을 관조할 수 있는 공간이 필요해요.

가령 산책은 한 발 물러서기에 적합한 방법이에요. 가능하다면 스마트폰은 집에 두고 가기를 권해요. 자연 속에서 산책을 하면 우리의 해마 기능이 활성화돼요. 걷다가 잠시 벤치에 앉아 멍때리거나 관조하는 시간을 가지면서 내가 좋아하는 것, 내가 잘하는 게 무엇인지 적어보는 거예요.

또 다른 방법은 나만의 아지트를 찾는 거예요. 심리적인 공간일 수도 있고, 물리적인 공간일 수도 있어요. 내가 정말 좋아하는 카페일 수도 있고, 동네 서점일 수도 있겠죠. 열심히 공부하고 일하는 것만이 좋은 루틴은 아니에요. 나 자신을 한 발 뒤로 물러설 수 있게 함으로써 어디든 내가 즐거웠던 기억으로 돌아갈 수 있게 하는 공간을 몇 개 만들어두는 것은 좀 더 넓은 시선을 갖게 하는 하나의 방법입니다.

최설민   어떤 면에서 보면 그런 공간이 온전히 나한테 집중할 수 있는 곳이라고 볼 수도 있는 거네요. 그런 공간에서 어떻게 나 자신을 돌아봐야 나의 가치를 찾을 수 있을까요?

이현주 사실 가장 좋은 방법은 1박2일 이상의 여행이에요.
익숙한 공간을 떠나 낯선 곳에서 머물다 오는 거죠. 그 여행
지에서 읽은 책이 나의 인생 책이 되는 경우가 많아요. 일상
에서 벗어난 공간에서는 나를 관조하게 되거든요. 내 존재
에 대해 좀 더 깊이 있게 물어볼 수 있죠. 내가 좋아하는 것
을 찾기 어려우면 어렸을 때 내가 굉장히 자랑스러웠던 순
간, 또 내가 빛났던 순간을 한번 떠올려보세요. 현시점에서
보면 대단한 게 아닐 수 있지만 과거에는 분명 그렇게 느꼈
던 순간이 있을 거예요. 저는 원래 달리기를 잘 못하는데 오
래달리기에서 중간까지 간 적이 있어요. 그때 너무 신나서
밤잠을 못 이뤘던 기억이 있어요.

최설민 저도 비슷한 기억이 있어요. 어릴 때 농구를 좋아했
는데 친구들과 '밀어내기'라고 해서 이기면 계속하는 게임
을 했는데, 제가 연속으로 열한 골을 넣어서 우리 팀이 이긴
순간이 있어요. 구경하던 사람들이 엄청나게 박수를 쳐줬
는데 그때 아드레날린이 솟구치는 느낌이 들었거든요.

이현주 맞아요. 바로 그 기억을 섬세하게 살펴보는 거예요.

그때 내 기분이 어땠는지, 낮이었는지 밤이었는지, 박수 소리가 어떻게 들렸는지, 어떤 마음이었고 어떤 열정이 솟았는지 등을 구체적으로 적어보는 거예요. 또 하나는 밤을 새우면서까지 했었던 일을 떠올려 보는 거예요. 저는 어릴 때 베르나르 베르베르의 『개미』라는 책을 밤새 읽은 기억이 있어요. 제가 진로를 고민하면서 밤새 책을 읽었던 기억에 대해 깊숙이 파고든 적이 있어요. 그러면서 내가 '이야기'를 좋아하고 '경청'하는 것을 잘한다는 걸 깨달았어요. 그 깨달음은 '상담자'라는 진로를 찾아가는 데 아주 분명한 나침반이 되어주었죠.

최설민 그러니까 표면적으로 드러나는 게임이나 책이 아니라 그것을 할 때 그 안에서 내가 얻을 수 있는 메시지에 주목해야 하는 거네요.

이헌주 그렇죠. 그리고 과거의 기억을 섬세하게 들여다봤다면 이번에는 현재로 돌아와서 지금 나한테 가장 필요한 질문이 뭔지 생각해 보는 거예요. 자기를 깨우는 거죠. 심지어는 이미 앞으로 나아가고 있는 나한테 물어봐도 돼요. 10년 뒤의 나 혹은 70세가 된 내가 지금의 나한테 한마디 해준다면 어떤 이야기일지 생각해 보는 거예요. 절대로 포기할 수 없는 나만의 가치가 뭔지 물을 수도 있겠죠. 나만의 공간에서 이런 질문들을 계속해 보는 것은 마음의 근력을 키우는 것처럼 매우 의미 있는 일이에요.

최설민　그러면 이제 변화를 위해서는 실제로 행동에 옮겨야 하잖아요. 그런데 적극적으로 실천하기 위해서는 어떤 동기가 필요하지 않을까 싶어요. 나 스스로 동기를 부여하는 방법이 있을까요?

이헌주　지금까지 말했듯이 결국 내 안에 있는 내가 좋아하는 것, 잘하는 것을 찾아보는 게 중요합니다. 그것이 나만의 나침반을 발견하는 일이에요. 사실 우리의 꿈은 내 안 깊숙이 숨겨져 있는 것인 동시에 가장 이상적인 것이기도 해요. 그래서 깊이 숨겨져 있던 그 꿈을 발견하면 마치 산꼭대기에 있는 비전을 발견한 것 같은 벅찬 감정이 들어요. 물론 그렇다고 해서 내가 처해 있는 현실이 한순간에 바뀌는 건 아니죠.

그렇더라도 그 꿈을 발견하기 전의 상황과 그것을 발견한 뒤의 상황은 분명 달라요. 꿈을 찾았으니 이제 산꼭대기에 있는 그 비전을 향해 한 발씩 올라가기만 하면 되는 거예요.

사람은 자기가 정말 좋아하는 걸 찾으면 그것이 동기가 되어 어느 산이든 올라갈 힘이 생깁니다. 단번에 산꼭대기까지 오르려 하지 말고 하루 10분 혹은 1시간씩 투자해 꾸준히 오르는 게 불안을 딛고 나의 길을 갈 수 있는 방법이라고 생각합니다.

놀심의 한 줄로 배우는 심리학

* 불안하다는 생각이 스치면 즉시 무엇 때문에 불안한지 적어보세요. 불안의 이유를 명확하게 알고 나면 불안에 대처할 힘이 생겨납니다.
* 나만의 아지트를 만들어보세요. 내가 좋아하는 공간에서 온전히 나에게 집중하면 내가 진짜 즐거워했던 기억을 찾아낼 수 있습니다.

자존감에 연연하지 않고도
자존감을 높이는 확실한 방법

심리학자 이동귀 연세대학교 교수

낮은 자존감이 만병의 근원인 것처럼
생각하거나 자존감만 높아지면
뭐든 가능하다고 믿는 '자존감 만능주의'에
빠진 게 아닌가 싶어요.
자존감 때문에 여러 문제가 생기기도 하지만
나의 어떤 행동으로 인해 자존감이 낮아지기도 하거든요.

최설민 우리가 살아가는 데 있어서 자존감이 매우 중요하긴
한데, 요즘 들어서는 이 말이 지나치게 남용되거나 오용되
고 있다는 생각이 들어요. 복잡다단한 여러 상황을 자존감
하나로 설명할 수는 없는 거잖아요. 자존감이 구체적으로
어떤 의미이며 어떻게 삶에 적용해야 하는지 제대로 알고
사용하면 더 도움이 되지 않을까요. 대체 '자존감'이란 무엇
인지 명확하고 구체적으로 설명해 주실 수 있을까요?

함광성 자존감(자아존중감)을 문자 그대로 풀이하면 '나 자신을 존중하는 느낌'이에요. 그런데 이 '느낌'이 눈에 보이는 게 아니라서 사실 한마디로 정의하기가 어려워요. 비유적으로 설명하자면 래퍼들끼리 배틀을 하면서 상대방의 실력이 출중하면 '리스펙respect'한다고 말하잖아요. 누군가를 상대로 리스펙하는 걸 나 자신한테 하는 게 자존감이라고 생각하면 이해가 좀 쉬울 거예요.

그리고 리스펙의 반대는 '디스dis'죠. 그 디스를 상대방이 아닌 나 자신한테 하면 '셀프 디스'예요. 즉 '자기 비난'이 되는 거예요.

자존감은 심리학계에서 오랫동안 연구해 온 중요한 개념이에요. 그런데 근래에 책이나 여러 매체를 통해 자존감이 많이 언급되다 보니 대중적으로 친숙한 개념이 되었어요. 그런데 문제는 그러면서 MBTI 하나로 모든 성격을 설명하듯, 다양한 심리적 어려움을 자존감 때문이라고 뭉뚱그려 설명하려는 경향이 강해졌다는 거예요. 마치 낮은 자존감이 만병의 근원인 것처럼 생각하거나 반대로 자존감만 높아지면 뭐든 가능하다고 믿는 '자존감 만능주의'에 빠진 게 아닌가 하는 생각이 들어요.

낮은 자존감이 만병의 근원은 아니다

최설민　그러면 실제로 자존감이 높으면 어떤 긍정적인 면이 생기고, 반대로 자존감이 낮으면 어떤 부정적인 면이 생기나요?

함광성　사실 자존감이 높으면 긍정적인 점이 많은 건 어느 정도 맞는 말이에요. 운동을 열심히 하면 근육이 생겨 신체가 튼튼해지는 것처럼 자존감이 높으면 심리적 근육이 생겨 마음이 단단해져요. 마음의 근육이 발달해 있으면 우울, 불안 같은 심리적 어려움을 잘 견뎌낼 수 있죠. 자존감이 높으면 특히 삶을 클리어하게 살 수 있어요. 온 국민이 사랑한 김연아 선수가 선수 시절 인터뷰를 하면서 스트레칭할 때 무슨 생각을 하느냐고 묻자 "생각은 무슨 생각이요. 그냥 해요"라고 답한 적이 있어요. 자존감이 높으면 그런 마음 상태로 살아가는 거예요.

인간은 종의 특성상 생각을 많이 하면 할수록 부정적인 방향으로 흘러갈 수밖에 없어요. 그런데 자존감이 높으면 어떤 상황에 대해 '그냥 그렇구나' 하고 끝나요. 예를 들어 제가 영상을 찍다가 중간에 말을 더듬었어요. 자존감이 높으

면 '아, 내가 말을 더듬었구나, 아쉽네' 하고 끝나겠죠. 반면
자존감이 낮으면 '내가 말을 더듬었네. 티가 나면 어떡하지.
편집해 주실까?' 하는 생각들이 덕지덕지 붙으면서 삶이 무
거워지는 거죠. 이게 자존감의 가장 큰 장단점이라고 생각
해요.

최설민 자존감이 높은 사람과 낮은 사람 각각의 특징이 있
을까요? 내가 자존감이 높은 사람인지 낮은 사람인지 알 수
있는 셀프 테스트 같은 게 있어서 내 자존감의 정도를 확인
해 보면 도움이 되지 않을까요?

함광성 앞서도 말했듯이 자존감은 지극히 주관적인 느낌이
기 때문에 정확한 측정이 어려울 수 있어요. 그렇지만 내가
자존감이 높은지 낮은지를 알아볼 수 있는 아주 간단한 질
문이 있어요.

생각해 보면 자존감은 단순하게 말해 내가 '나'라는 대상을
얼마나 좋아하고 사랑하는가의 문제라고 볼 수 있어요. 만
약 내가 정말 사랑하는 누군가에게 "너는 나를 왜 좋아해?"
라고 묻는다면 어떻게 답할 것 같으세요? 사실 누군가를 정
말 사랑한다면 그 이유를 설명하기가 어려워요. 그래서 아

마 "그냥 너라서 좋아"라고 대답할 거예요. 이유가 없어서가 아니라 정말 너라는 존재가 그냥 있는 그대로 좋은 거니까요.

이 질문을 스스로에게도 던져보면 좋겠어요. '나는 나를 좋아하는가? 그렇다면 왜 좋아하는가?' 만약 이 질문에 '그냥 나라서 좋아'라고 진심으로 대답할 수 있다면 그 사람은 자존감이 높다고 볼 수 있겠죠.

최설민 내가 어떤 조건 때문에 나 자신을 좋아한다면 그 조건이 사라지면 내가 싫어질 수도 있다는 말인 거네요. 그런데 간혹 자존감이 낮은 사람처럼 보이는 게 싫어서 그런지 자기가 굉장히 자존감이 높은 사람이라는 걸 어필하려고 부단히 애쓰는 사람이 있어요. 그 사람은 진짜 자존감이 높은 걸까요?

함광성 자존감이 계속 유지되거나 아니면 높았다 낮았다 하는 것을 '자존감 안정성'이라고 해요. 말씀하신 것처럼 조건에 따라 나 자신이 좋기도 하고 싫어지기도 하는 경우는 자존감이 높다고 할 수 없어요. 자존감은 근자감(근거 없는 자신감)과 속성이 비슷해요. 그냥 이유 없이 내가 좋은 거예요. 그래서 정말 자존감이 높은 사람은 굳이 그것을 어필할 이유도 없고, 기본적으로 자존감 혹은 자존감에 대한 평가 자체를 아예 염두에 두지 않아요. 자존감에 연연하거나 자존감을 어필하려 애쓰는 경우는 오히려 자존감이 낮은 걸 감추기 위한 가면일 수도 있어요.

자존감이 높은 사람은 정작 자존감에 무관심하다

최설민 사실 저도 대학생 때 자존감에 대해 꽤 어필했던 것 같아요. 그런데 어느 순간 자존감이라는 단어가 머릿속에서 사라졌어요. '내가 자존감이 낮든 높든 그게 무슨 의미가 있지?' 자존감의 척도가 진짜 나의 가치를 판단하는 게 아닐 수도 있다는 생각이 들었거든요. 자존감으로부터 자유로워지면서도 실제로는 내 자존감을 강하게 할 수 있는 방법이 있을까요?

함광성 그게 참 어려운 일이긴 해요. 나를 존중하는 느낌을 강하게 갖는 게 말처럼 쉽지 않죠. 당연히 심리 상담이 도움이 돼요. 심리 상담은 밖을 보는 능력이 아니라 내 안을 보는 능력을 키워주는 역할을 해요. 그런데 비용도 들고 시간을 내기도 어렵다 보니 젊은 친구들이 손쉽게 심리 상담을 받기가 쉽지 않죠. 조금 어렵지만 혼자 해볼 수 있는 방법이 있어요.

첫 번째 방법은 자존감이 모든 것의 원인이라는 생각에서 어느 정도 멀어지는 거예요. 자존감 때문에 여러 문제가 생기기도 하지만 나의 어떤 행동 때문에 자존감이 낮아지기도 하거든요. 지금 당장 지난 한 주 동안 내가 자존감이 낮아서 하지 못한 행동들 혹은 자존감이 낮아서 억지로 할 수밖에 없었던 행동들의 목록을 만들어보세요. 그런 다음 내가 자존감이 높다면 어떻게 행동할 것 같은지를 써보는 거예요.

예를 들어 내가 자존감이 높았다면 지난번 식당에서 머리카락이 나왔을 때 좀 더 당당하게 컴플레인을 했을 거야, 그때 그 일을 결정할 때 좀 더 확신을 가지고 단호하게 했을 거야 등의 행동 목록을 만들어보는 거예요.

두 번째 방법은 연기를 하는 거예요. 다시 말해 자존감이 높은 척하는 거죠. 의도적으로 자존감이 높을 때 할 법한 행동들을 일상에서 최대한 많이 해보는 거예요. 하지만 하루 종일 그런 연기를 하면서 살려면 너무 피곤하죠. 그래서 하루에 하나, 어려우면 일주일에 하나라도 의도적으로 시도해 보는 거예요. 그런 행동들이 쌓이고 쌓이다 보면 자연스럽게 자존감이 따라와요.

많은 사람들이 자존감이 높아야만 그런 행동을 할 수 있다고 생각해요. 그런데 언제까지 자존감이 높아지기만을 기다릴 수는 없잖아요. 생각만으로는 자존감이 높아지지 않아요. 눈에 보이지 않는 자존감에만 매달리기보다는 행동에 초점을 맞춰 의도적으로 그 행동을 하다 보면 작은 성공 경험이 생겨나요. 그리고 나를 보는 주변의 시선이 바뀌고, 나에 대한 평가가 달라져요. 그러면 어느 순간 '나 꽤 괜찮은 사람인가 보네?' 하는 느낌이 들어요.

최설민 우리가 흔히 자존감이 낮아서 나는 못한다는 식으로 합리화하는 경우가 많은데 스스로 그런 합리화를 단박에 차단하면서 실질적으로 내가 나아갈 수 있는 방향을 제시해 주는 방법인 것 같아요. 그러면 여기서 이런 궁금증이 들어요. 자존감은 태생적인 게 아니라 만들어지는 거라고 봐야 할까요?

함광성 자존감은 만들어지는 게 맞아요. 특히 성격이 형성

되는 청소년기 이전의 경험이 정말 중요해요. 아주 어린 아기일 때는 나를 사랑하기는커녕 나에 대한 인지조차 없어요. 나와 엄마에 대한 구분 없이 그냥 다 나인 거예요.

이를 공생단계라고 하는데, 이 단계 때는 엄마가 나를 대하는 방식이 곧 내가 나를 대하는 방식이 돼요. 그래서 아기일 때 엄마가 나를 존중해 주고 있는 그대로 봐주고 아껴주는 경험을 많이 한 사람들은 살면서 자존감에 대해 거의 의식하지 않고 살아요. 나를 사랑하고 존중하는 게 그냥 자연스러운 일이기 때문이에요.

6~7세 정도 되는 아이가 뛰어가다가 넘어졌어요. 아파하며 우니까 엄마가 "아니야, 이거 아픈 거 아니야. 괜찮아. 그냥 가면 돼. 울 필요도 없어"라고 말해요. 엄마의 이런 말과 행동은 아이의 자존감을 낮춰요. 아이는 넘어져서 아프고 슬픈데 아이의 그 경험을 아니라고 부정하는 거잖아요. 그러면 아이는 '이렇게 하면 안 되는 건가?'라는 방식으로 자기 자신을 보게 되는 거예요. 이런 경험을 반복하는 아이는 당연히 자기 자신을 존중하는 게 잘 안 돼요. 그렇다고 불가능한 건 아니에요. 후천적으로 노력하면 자존감은 충분히 올라갈 수 있어요.

최설민 앞서 말씀해 주신 것처럼 의도적으로라도 자존감이 높은 사람인 척 행동해 보는 방법들이 그런 후천적인 노력의 하나가 될 수 있을까요?

함광성 그렇죠. 자존감이 높은 사람들이 할 법한 행동을 한다는 건 사실 내가 하고 싶은 걸 한다는 뜻이에요. 내 마음에서 일어나는 걸 주저없이 행동으로 옮기는 것이기 때문에 나를 존중하는 경험이 되는 거죠. 어릴 때 그런 경험을 많이 하면 훨씬 좋겠지만 그렇지 못했더라도 얼마든지 달라질 수 있어요. 이제부터라도 의도적으로 하루에 하나씩 해보는 거예요.

놀심의 한 줄로 배우는 심리학

* 자존감이 모든 것의 원인이라는 생각에서 벗어나세요. 자존감 때문에 문제가 생기기도 하지만 나의 어떤 행동 때문에 자존감이 낮아지기도 합니다.
* 자존감이 낮아서 하지 못한 행동이나 억지로 할 수밖에 없었던 행동의 목록을 만든 뒤, 만약 내가 자존감이 높다면 어떻게 행동할지 적어보세요. 자존감을 높이는 데 도움이 됩니다.

CHAPTER 4

현명하게 화낼 때 관계는 단단해진다

대부분 갈등을 피하고자 불편한 감정을 억압해요.

하지만 한두 번은 몰라도 끓어오른 감정을

평생 외면하고 참을 수 있는 사람은 없어요.

갑자기 터진 화는 나 자신도 통제할 수 없으니

관계를 소중히 여기는 사람이라면

현명하고 차분하게 화내는 연습을 하세요.

관계를 훼손하지 않으면서
화를 표현하는 방법

하 | 여의도힐링정신건강의학과 대표원장

다시 생각해도 계속 화가 나고 누구라도
이런 상황에선 화가 날 것 같다는 판단이 서면
관계를 위해서라도 내 마음을 표현하는 게 좋아요.
화난 감정보다 화가 난 내용을 설명하고,
그런 이야기를 하는 목적도 말해야겠죠.
공격이나 비난이 아니라는 걸 말해주는 거예요.

최설민 급변하는 현대 사회 속에서 쫓기듯 살아가다 보면
아무리 성격이 좋은 사람도 화를 내지 않고 살기는 어려운
것 같아요. 사실 인간에게는 화(분노)도 아주 중요하고 필
요한 감정이잖아요. 그런데 화가 나도 인간관계가 깨질까
봐 혹은 감정 조절도 못 하는 이상한 사람으로 보일까 봐 그
냥 참는다고 말하는 사람이 많아요. 왜 화를 내는 게 이렇게
어려울까요?

황인환　많은 사람이 화내는 걸 어려워하는 이유는 화를 하나의 공격으로 느끼기 때문이에요. 혹은 화를 내는 과정에서 내 공격성이 드러남으로써 갈등이 커지거나 관계가 완전히 깨지는 게 불안해서 그럴 수도 있어요. 화를 내야 한다 혹은 화를 참아야 한다는 게 늘 일관된 방식일 수 없고, 그래서도 안 된다고 생각해요. 때에 따라서는 화를 낼 수 있어야 하고 참아야 할 수도 있어요. 나만의 기준으로 이를 선택해서 사용할 수 있어야 하는 거죠.

최설민　그렇다면 화를 언제 내고 언제 참아야 하는지, 그 기준을 어떻게 세워야 할까요?

황인환　개인차가 커서 누구에게나 통용되는 기준을 세우는 게 어렵긴 하지만, 우선 상황이나 관계에 대한 보편적 기대를 생각해 보는 거예요. 상대방의 말과 행동이 이 상황에서 보편적으로 할 수 있는 것인지 혹은 선을 넘은 것인지를 한번 생각해 보고, 상황에 맞지 않는 것 같다거나 우리 관계에 맞지 않는 것 같다거나 나를 침범하고 있는 것 같다면 화를 표현할 수 있어야 한다고 봐요.

최설민　그 선을 넘는다는 것의 기준이 사람마다 다를 것 같아요. 상대방이 나를 공격한다고 받아들여야 할 때와 이 정도는 괜찮다고 받아들일 때의 기준이 어느 정도 있어야 하지 않을까요?

황인환 그건 관계와 상황에 따라 다를 수 있어요. 예를 들어 직장 상사와 직원의 관계라면 무례하지 않은 방식 안에서 혼을 내거나 수정을 요구하는 걸 우리는 보편적으로 허용할 수 있어요. 반면에 친구 관계인데 나한테 뭔가를 자꾸 지적하거나 혼내듯이 말한다면 우리는 그것을 보편적인 선을 넘는다고 받아들여요. 그때는 친구에게 나의 불편한 마음을 표현해야 하는 거죠.

우리가 예상하는 관계의 특성이 있어요. 가령 직장 내 관계에서는 다소 불편한 이야기더라도 그것이 업무적인 거라면 웬만하면 받아들일 수 있어요. 하지만 사생활에 관해 이야기하는 것은 선을 넘는 행위여서 무례하다고 느끼게 되죠. 또 친구 관계에서도 서로 느끼는 감정을 공유하는 것은 받아들일 수 있지만 마치 회사 상사라도 되는 것처럼 나를 평가하듯이 말하거나 혹은 이익 관계처럼 득이 있을 때는 나를 찾고 득이 없으면 멀리하는 사람은 실망과 서운함을 느낄 수 있어요.

보편적이고 적절한 기대인지부터 확인하라

최설민 살다 보면 친구나 주변 사람들에게 기대했다가 실망하는 경우가 많잖아요. 그런데 이때 화를 내면 괜히 나만 쪼잔한 사람처럼 보일 것 같아서 화를 참기도 하는데, 이럴 때는 그냥 화를 내는 게 좋을까요?

황인환 그럴 때는 먼저 나에게 생긴 감정이 어떤 것인지부터 알아차리는 게 중요해요. 내가 느낀 게 화일 수도 있고, 기대에 대한 실망감일 수도 있겠죠. 실망한다는 것은 기대에 대한 좌절에서 비롯된 감정이잖아요. 그래서 내가 상대방에게 한 기대가 보편적이고 적절했는지부터 먼저 점검해 봐야 할 것 같아요. 친구라고 하면 그에 맞는 보편적인 기대가 있잖아요. 그런데 점검해 본 결과 친구 관계에서 누구나 할 수 있는 보편적인 기대가 좌절된 거라면 그건 충분히 실망감을 가질 수 있죠.

그때는 친구와 그것에 대해 이야기를 나누는 게 좋고 그래야 관계를 좀 더 안정적인 형태로 이어갈 수 있겠죠. 그런데 점검해 보니 내가 친구 관계에서 너무 무리한 기대나 요구를 한 거라면 친구가 내 기대를 충족시켜 주지 못하는 게 당연해요. 그것에 대해 서운하다고 이야기하는 것은 말씀하신 것처럼 쪼잔한 사람처럼 보일 수도 있고 혹은 이기적인 사람으로 보일 수도 있는 거죠.

최설민　저도 그와 비슷한 경험을 했어요. 안 좋은 일이 있어서 친구한테 털어놨는데 그 친구가 달랑 이모티콘 하나를 보내는 거예요. 무시당한 기분이 들어서 어떻게 나한테 그럴 수 있느냐고 솔직하게 표현했더니 내가 그렇게 힘들어하는 줄 몰랐다면서 같이 산책이라도 하자고 말하더군요. 그러고 나니까 오히려 이전에 가지고 있던 오해까지 풀리는 계기가 되었어요.

황인환　그럴 수 있죠. 사실 우리는 순간의 갈등을 피하고 싶어서 내 안에 올라오는 불편한 감정을 대부분 억압하거나 억제하거든요. 그런데 한두 번은 잘 넘어갈 수 있지만 계속 참을 수 있는 사람은 없어요. 그러다가 갑자기 폭발하듯 터지는 거죠. 상대방에게 전혀 신호를 주지 않고 혼자 참고 있는 경우, 상대방이 민감하다면 내가 자기를 위해 참고 배려해 준다는 걸 알고 조심하겠지만 사실 전혀 모르고 있는 사람들이 훨씬 많거든요. 그래서 아무렇지 않게 지내다가 어느 날 갑자기 화를 터뜨리면 대개의 사람은 "그동안 아무 말도 없다가 갑

자기 왜 그래?"라는 반응을 보이면서 몹시 불편한 상황이
연출되는 거죠.

말씀하신 것처럼 일이 더 커지기 전에 불편한 마음을 솔직
히 표현하면 상대방도 그에 따르는 반응을 할 테니까 그걸
너무 어렵게 생각하지 않았으면 해요. 이때 꼭 필요한 마음
은 상대방에 대한 존중이에요. 우리는 보통 상대방이 불편
한 마음을 이야기해도 나는 충분히 받아줄 수 있는 사람이
라고 생각하거든요. 그렇다면 상대방 역시 내가 조금 불편
한 마음을 드러내도 기분 나빠하지 않고 들어주고 받아줄
거라고 믿어야 해요. 그러면 내 마음을 좀 더 편하게 표현할
수 있죠.

최설민 　나는 타인에게 관대한 사람이라고 생각하지만 타인
도 내게 관대할 거라고는 잘 생각하지 못하는 것 같아요. 내
가 상대방에게 관대한 것처럼 상대방도 나에게 관대할 수
있다는 믿음을 가지려면 어떻게 해야 할까요?

황인환 　그렇게 생각하는 건 나를 보호하려는 일종의 경계심
때문이에요. 타인을 상대로는 최대한 엄격하게 생각해야
내가 나를 지킬 수 있고 실수하지 않고 관계를 안전하게 만

들 수 있다는 우리의 본능이 작동하는 거예요. 상호 믿음을 가지려면 우선 충분히 안전한 관계인지를 한번 생각해 봐야 해요. 예를 들어 온라인 커뮤니티 같은 익명의 공간에서는 내 마음을 표현해도 공간과 심리적 거리감으로 인해 내가 안전하다고 느낄 수 있어요.

반면에 오프라인 세상에서는 충분히 가깝고 안전한 사람인지에 대한 기준이 조금 다를 수 있죠. 상대방과 알고 지낸 지 얼마 안 되었다면 당연히 안전하지 않다고 느낄 테고, 함께 여러 가지 일을 겪으면서 몇 년 이상 무난하게 관계를 유지하고 있다면 그 사람은 안전하다고 느끼겠죠. 시간이 말해주는 관계의 안전함이 있어요. 만남의 빈도나 사건 사고의 횟수와 무관하게 일정 시간 동안 한결같은 마음으로 관계가 유지되었다는 건 상대방도 나처럼 서로를 안전한 관계로 생각하고 있다는 뜻이죠.

최설민 오랜 시간 동안 관계를 맺어오면서 서로 안전한 관계라고 생각하고 나의 불편한 감정을 표현했는데 예상과 달리 상대방이 차갑게 등을 돌리는 경우도 있잖아요. 그러면 큰 배신감이 들 수밖에 없을 텐데, 그럴 때는 어떻게 해야 할까요?

황인환   정말로 그런 상황이 생겼다면 서로 관계의 거리를 다르게 생각하고 있거나 나 혼자 너무 앞서 생각했거나 혹은 나의 문제가 아닌 상대방의 특성 때문일 수도 있어요. 상대방이 공격받는다거나 비난받는다거나 서로 실망했다는 식의 불편한 상황을 견디기 어려워하는 사람일 수 있죠. 또 하나는 내가 감정을 표현하는 방식이 적당했는가 하는 거예요. 화는 감정이지만 이것을 최대한 감정적이지 않게 화의 내용을 표현할 수 있어야 하는데, 가끔은 내용은 생략하고 화를 표현하는 경우가 있어요. 그러면 누구나 그것을 공격이라고 받아들일 수 있죠.

화의 감정보다 화의 내용과 목적부터 설명하라

최설민   그러면 화를 내는 방법이 정말 중요하겠네요. 어떻게 해야 상황을 불편하지 않게 하면서 나의 화난 이유와 내용을 잘 표현할 수 있을까요?

황인환   화가 났을 때는 그런 감정을 느끼게 하는 여러 가지 상황과 배경이 있었을 거예요. 우선 내가 화가 났다는 걸 알아차리고, 내가 왜 화가 났는지 상황이나 배경을 살펴보는 거예요. 그런 다음 내가 느낀 화의 내용이 보편적으로 그럴 만한 것인지, 누구도 받아들일 수 없을 만한 일인지를 객관적으로 생각해 보는 거죠. 그 정도라면 누구나 받아들일 수 있는 문젠데 나만 화가 난다면 그때는 표현하기보다 참고 나 혼자 해결하는 게 어쩌면 더 안전하고 나은 선택일 수 있어요.

반면에 다시 생각해도 계속 화가 나고 누구라도 이런 상황에서는 화가 날 것 같다는 판단이 서면 더 좋은 관계로 발전하기 위해서라도 화의 감정을 표현하는 게 좋겠죠. 화난 감정보다 화가 난 내용 위주로 표현해야 하는데, 그 말을 시작하기 전에 상대방에게 불편한 감정을 이야기하는 목적을 먼저 이야기해 주는 거죠. 예를 들면 나는 너와 문제없이 잘 지내고 싶은데 내가 지금 이런 마음이 들었다고 말함으로써 나의 이야기가 공격이나 비난이 아니라 서로 잘 지내기 위함이라는 걸 먼저 알려주는 거죠. 그러면 상대방도 그런 마음으로 나의 이야기를 듣게 되겠죠.

화의 내용에 대해 말할 때는 왜 화가 났는지 결론적으로 이야기하기보다 그 과정을 설명하는 게 필요해요. 예를 들어 '우리는 이러이러한 관계였고 나는 너에게 이런 마음이었는데, 네가 그렇게 이야기하고 그런 반응을 보여서 내가 이런 마음이 들었다. 그런데 이것에 대해 말하지 않으면 우리 관계에 좋지 않은 영향을 줄 것 같아 이야기하게 되었다'고 과정을 친절하게 설명하는 거예요. 그렇게 하는 건 상대방에 대한 배려이기도 하고, 또 장황하게 이야기하다 보면 화난 감정도 조금 누그러들어서 감정적이거나 극단적인 표현을 자제할 수 있죠.

또 하나는 조금 추상적이기는 하지만 내 불편한 마음을 꺼내놓고 "내가 이런 마음이 들었는데 너는 여기에 대해 어떻게 생각해?"라며 둘이 같이 그것을 바라보듯이 이야기하면 갈등 상황을 조금 줄일 수 있습니다. 사람은 모두 제각각이라서 감정과 상황을 받아들이는 속도나 마음, 거리에 대한 느낌이 나와 다를 수 있어요. 그렇기 때문에 내 마음을 표현했으니 이제 너는 받아들여야 한다거나 우리 관계는 다 풀렸으니 괜찮아져야 한다고 너무 조급하게 생각하기보다 상대방이 내 이야기에 대해 생각하고 정리할 수 있도록 기다려줄 필요가 있습니다.

최설민 그런데 화를 표현하기에 앞서 내가 상대방에게 하는 기대가 보편적인지 아닌지, 또 내가 정말 화를 낼 만한 보편적인 사안인지 아닌지를 판단하는 게 조금 어려울 수도 있을 것 같아요.

황인환 　보편적인 기대인지 아닌지를 확인하려면 우선 둘의 관계를 정확하게 정의할 수 있어야 합니다. 그동안 살아오면서 보고 듣고 경험한 것들이 보편적인 기대를 할 수 있게 해줄 텐데, 관계에 대한 정의가 없다면 나의 기대가 보편적인지 아닌지 알 수가 없어요. 예를 들어 연인관계인지, 한두 번 본 관계인지, 오랫동안 알고 있지만 이성적인 감정은 없는 관계인지, 썸을 타는 관계인지, 짝사랑하는 관계인지에 따라 나의 기대가 다를 수 있기 때문이에요.

관계를 잘 정의할 수 있다면 이 관계에서 내가 어떤 걸 기대하는 게 자연스러운지 알 수 있죠. 예를 들어 연인관계라면 상대방이 자주 연락하지 않는 것에 대해 서운함을 느낄 수 있지만, 오랫동안 알고 지냈어도 상대방은 나에게 이성적 감정이 없는데 나 혼자만 좋아하는 사이라면 거기에 대해 실망감을 표현하는 건 보편적이지 않죠.

최설민 　결국 화를 잘 내고 문제를 잘 해결하려면 나의 입장만이 아니라 상대방의 관점에서도 상황을 판단할 수 있어야 한다는 게 가장 중요한 부분인 것 같아요.

황인환 맞습니다. 나와 상대방이 어떤 관계인지를 명확히 하고, 내가 지금 느끼는 감정이 충분히 그럴 만한 보편적인 것이며 또 그것을 표현해도 되는 안전한 상황인지를 고려해야 하기 때문에 화를 낸다는 게 어려운 일이죠. 상황이 조금이라도 어긋나거나 부적절해지면 상대방이 받아들이기 어려울 수 있거든요. 그래서 화는 적당한 사람에게 적당한 정도로 적당한 때에 내야 하는 게 아주 중요합니다.

최설민 화를 내는 게 그렇게 어려운 일이라면 차라리 화를 참는 게 더 나은 선택 아닐까요? 화를 내야 하는 상황인데도 무조건 참기만 하면 심각한 문제가 생길 수도 있나요?

황인환 끝없이 참을 수 있다면 문제가 되지 않을 거라고 봅니다. 다만 그럴 수 있는 사람이 단 한 명도 없다는 게 함정이죠. 그렇다면 결국 어떤 방식으로든 화를 표현해야 하는데, 참고 참았다가 상대방이 받아들이기 부적절한 방법으로 터지기 전에 최대한 화라는 감정을 담지 않고 불편한 마음을 나누는 방식으로 표현하는 게 좋다는 거죠. 화가 나는 것과 화를 내는 것은 다르다는 것을 알면 좋을 것 같아요. 화가 나는 것은 주어가 '화'예요. 그래서 그냥 화가 막 올라오지만, 화를 낸다는 것은 '내가' 주어인 만큼 내가 원하는 표정과 말투와 단어와 방식을 선택해서 화를 표현해야 한다고 생각합니다.

최설민 우리는 인간이기 때문에 화를 낼 수밖에 없는 존재이며 화를 참는 게 미덕이 아니라는 걸 인정하고, 어떻게 하면 관계를 훼손하지 않으면서 상대방이 받아들일 수 있도록 화를 낼 것인지를 고민하는 게 필요할 것 같습니다.

놀심의 한 줄로 배우는 심리학

* 화를 내기 전에 내가 화를 내는 게 적절한지부터 생각해 보세요. 누구라도 화낼 만한 보편적인 상황이라면 참지 말고 왜 화가 났는지 그 내용을 설명하세요.
* 나의 기대가 적절한지 헷갈린다면 둘의 관계부터 명확하게 정의해 보세요. 어떤 관계인지에 따라 기대의 정도가 다르고, 실망과 서운함의 척도도 달라지니까요.

무례하게 공격하는 사람을
손쉽게 제압하는 방법

성현규 | 작가, 유튜브 〈감정역티〉

나에게 무례하게 구는데도 반응하지 않으면
상대방은 점점 더 그 강도를 높여요.
어떻게든 나의 불쾌함을 표현해야 해요.
비위를 맞출 필요도 없고 참을 필요도 없어요.
그렇게 한다고 해서 좋은 관계가
유지되는 건 아니에요.

최설민 여러 인간관계 속에서 살아가다 보면 무례한 사람들
도 만나게 되잖아요. 이건 아니다 싶을 정도로 선을 넘어와
서 몹시 불쾌한데도 갈등을 만드는 게 싫고 또 부정적으로
상황이 확대되지 않을까 두려운 마음 때문에 그냥 참거나
피하는 경우가 많은 것 같아요. 그런데 계속 부딪칠 수밖에
없는 관계라면 마냥 그럴 수는 없잖아요. 그런 무례한 인간
들은 주로 어떤 사람을 표적으로 삼나요?

성현규　사람마다 생각이 다르고 가치관이 다른데 나와 가치관이 상충하는 사람을 만나면 유독 불편해하고 싫어하는 사람들이 있어요. 예를 들면 나와 피부색이 다르거나 정치 성향이 다르다고 무례하게 구는 거죠. 또 나보다 일을 잘하는 직원이 내 자리를 위협할까 봐 거슬리고 불편해서 무례하게 구는 사람도 있어요. 그런데 대부분은 상대방이 반격하지 않는 약한 존재라고 인식했을 때 무례하게 구는 경우가 가장 많아요.

무례한 인간들의 표적이 되는 사람은 상대방의 비위를 맞추려는 특징이 있어요. 무례한 직장 상사에게 잘 보이려고 혹은 혼나지 않으려고 알아서 음료수를 갖다주거나 부르면 "네~" 하고 쪼르르 달려가거나 하면서 어떻게든 상대방의 비위를 맞추려고 하죠. 그런데 이건 절대 해서는 안 되는 행동이에요.

자기의 지위를 이용해서 나를 무시하는 상사는 내가 움츠러드는 모습을 보면서 재미있어 하는 거니까 계속 재미있게 해주면 안 되죠. 비위를 맞춰주는 건 '나는 약한 존재니까 그만 좀 혼내세요'라고 말하는 것과 같아요. 또 내 의사를 명확하게 전달하지 못하고 작은 목소리로 우물쭈물 말하는 것도 무시당하는 이유 중 하나예요.

최설민 사실 그런 행동들이 상대방이 나한테 무례하게 굴지 않기를 바라는 마음에서 잘 보이려고 노력하는 거잖아요. 그런데 그런 행동이 오히려 나에게 마이너스가 될 수 있는 거네요?

성현규 그렇죠. 상대방은 약한 사람이니까 더 무례하게 해도 된다고 인식해 버리는 거죠. 그래서 그 고리를 끊어야 돼요. 그렇게 약한 사람들을 상대로 무례하게 구는 사람들의 특징이 오히려 자존감이 낮고 자격지심이 강하고 피해의식이 커요. 자존감이 높고 내공이 많은 사람은 모든 에너지를 자기에게 쏟아요. 책을 보거나 운동을 하거나 명상을 하면서 자기의 에너지를 자기를 채우는 데 쓰는 거죠.

반면에 내면이 텅 비어 있고 자존감이 낮은 사람은 외부로부터 에너지를 받으려고 해요. 예를 들어 학교에서 툭하면 인사 안 한다고 후배들 집합시키고, 직장에서 아래 직원들 무시하고 꼬투리 잡으면서 공격하고 무례하게 구는 사람들은 에너지를 외부로부터 충족시키려는 거예요. 내 안이 텅 비어 있기 때문이에요.

누구에게나 불쾌함을 표현할 권리가 있다

최설민 스스로 에너지를 채우는 능력이 없다 보니 외부의 반응을 통해서 자신의 내면을 충족시키려고 타인을 공격하며 무례하게 구는 거네요.

성현규 그렇죠. 저도 그런 경험이 있어요. 대학교 때 한 선배가 인사를 제대로 안 한다고 툭 하면 집합을 시켰어요. 참다 참다 하루는 제가 당신들이 뭔데 왜 집합을 시키느냐고 따져 물었죠. 그랬더니 우물쭈물하면서 무너지더라고요. 그런 사람들은 상대방이 조금만 세게 나가도 그냥 무너져 버려요. 이런 사람들을 상대로 절대 겁먹고 움츠러들 필요가 없어요. 알고 보면 아주 약하고 불행하고 내면이 텅 빈 사람이기 때문에 조금만 세게 받아쳐도 쉽게 무너져요.

최설민 그런데 이미 내가 두려움을 가지고 있는 대상에게 그렇게 들이받기가 쉬운 일은 아니잖아요. 더군다나 나보다 윗사람인 경우라면 더 그렇고요. 그런 상대를 제압하거나 그 사람의 실체를 마주할 방법은 없을까요?

성현규 자주 무례함을 당하는 사람들의 공통점이 있어요.

모든 사람에게 잘 보이려 하고 좋은 사람으로 보이고 싶어 해요. 그런데 무기를 들고 내 집으로 쳐들어오는 대상에게 좋은 사람으로 보이고 싶어서 무방비로 대처할 수는 없는 거잖아요. 나도 무기를 써야죠. 그런데 좋은 사람이고 싶어서 그렇게 하지 못하니까 계속 당하는 거예요. 심지어 제게 '화를 내면 이상한 사람인 거냐'고 물어보는 경우가 있어요.

왜 그걸 타인에게 물어봐요. 자기의 감정 표현을 타인에게 검사받을 필요는 없는 거죠. 상대방의 무례함으로 인해 불쾌하고 화가 나는 데도 나쁜 사람으로 보이진 않을까, 관계가 더 나빠지진 않을까, 내가 지금 화를 내도 되나? 이런 걱정하는 마음 때문에 자기의 감정을 표현하지 못하는 거예요. 그런 생각에서 벗어나 자기의 감정을 솔직하게 표현하는 게 정말 중요해요.

최설민 나의 화난 감정을 솔직하게 표현하려면 그때그때 상황에 맞게 상대방을 제압하고 대처하는 능력이 있어야 할 것 같아요. 실제로 활용할 만한 방법이 있을까요?

성현규 직장 상사의 경우라면 싫다고 안 보거나 무시할 수 있는 관계가 아니어서 선을 못 넘게 하는 게 가장 좋은 방법이에요. 그렇게 하려면 짧고 간결하면서도 부드럽고 단호하게 이야기하는 게 좋아요. 이것만 기억하면 웬만해서는 직장에서 무시당하지 않아요. 특히 업무와 상관없는 사적인 부분들, 가령 살이 쪘다거나 남자 친구는 없냐는 식의 선을 넘는 말을 할 경우에는 거기에 대해 일일이 설명할 필요 없이 단호하고 짧게 "네, 알겠습니다"라고 하면 돼요.

무례함을 일삼는 직장 상사는 상대방이 당황하고 움츠러드는 걸 보면서 재미를 느끼기 때문에 아예 그런 반응을 건너뛰면 흥미를 잃고 공격을 멈추죠. 그의 욕구를 충족시켜 주지 않는 것만으로도 제압이 가능한 거예요. 직장에서는 말해야 할 때 말하지 않으면 바보 취급을 당하기 쉬워요. 제가 자주 사용하는 '이해하지 못할 권리'라는 말이 있어요. 많은 사람이 이해하지 못했으면서 이해하는 척하는 경우가 많아요.

그러면 그게 나중에 눈덩이처럼 불어나서 나를 공격해요. 이해하지 못했을 때는 이해할 수 있을 때까지 계속 물어보는 게 당연해요. 바보처럼 보일까 봐 그냥 이해한 척하다가 오히려 당할 수 있어요. 상대방이 "왜 이것도 이해 못해?"라고 하면 " 네, 이해하지 못했습니다"라고 하면 돼요. 어차피 상대방은 내가 이해하지 못했다는 걸 다 알고 있어요.

상대방의 흐름을 내 것으로 바꿔라

최설민   내가 약해 보이기 때문에 사람들이 나를 무시하고 무례하게 구는 부분도 분명히 있을 것 같아요. 내가 좀 더 강해지면 그런 일을 덜 겪을 수 있지 않을까요?

성현규   〈미생〉에 이런 말이 있어요 "상대방이 역류를 일으켰을 때 나의 순류를 유지하는 것은 상대방의 입장에서 역류가 되는 것이다." 모든 상황에 적용할 수 있는 아주 좋은 말이라고 생각해요. 제가 프랜차이즈 점주였을 때 성격이 못되기로 유명한 지역장이 우리 매장에 온 적이 있어요. 껌을 쫙쫙 씹으면서 "에이, 거 진열 거지같이 해놨네"라면서 들으라는 식의 혼잣말을 하더니 저한테 반말로 "여기 점장?" 하면서 잠깐 얘기 좀 하자는 거예요.

아무리 내가 을의 입장이더라도 초면이고 같은 성인인데 자기소개 먼저 해야 하는 거잖아요. 그때 "네, 제가 점주입니다" 하면서 그 사람이 만들어놓은 분위기에 끌려 들어가면 안 돼요. 저는 그때 "안녕하세요! 지금 제가 발주 중인데 10분만 기다려주세요" 하면서 순간적으로 그 사람에게 명령을 내렸어요. 10분 넘어 15분 정도가 되자 그 사람이 다가오더니 "점주님, 다 하셨어요?"라고 존댓말로 묻는 거예요. 그래서 "아 네, 끝났습니다. 더우시죠? 커피 한잔하시죠!" 하면서 그 사람 팔을 잡고 밖으로 데리고 나갔어요.

그 사람은 10분 기다려라, 커피 마시자, 밖으로 나가자라는 나의 세 번의 명령에 심리적으로 위축된 거예요. 행동이 점잖아졌고 이후로 잘 지냈죠. '상황을 나의 흐름으로 가져와라' 이것만 기억해도 웬만한 무례한 공격을 잘 막아낼 수 있어요. 제가 만약에 그때 "지금 무례하게 뭐 하시는 겁니까?"라고 했다면 좋은 관계를 유지하기가 어려웠을 거예요. 좋은 관계를 유지하되 선을 넘어오지 못하게 하면 되는 거예요.

최설민   보통은 그런 상황이라면 당황해서 그렇게 말하거나 행동하지 못할 것 같아요. 그럴 때 자동적으로 그렇게 행동할 수 있도록 평소 마음에 새겨둘 만한 팁이 있을까요?

성현규   일단 한 박자 쉬는 거예요. 토네이도 같은 인간은 주변을 힘들게 하는데 그 중심은 고요해요. 그러니 그 중심을 차지하라는 거예요. 내면이 텅 비어 있는 인간이기 때문에 그 중심을 내 쪽으로 살짝 바꿔놓는 거죠. 공격적으로 달려드는 사람을 상대로 같이 공격적으로 대하면 흐름을 뺏기는 거예요. 그럴 때는 한 박자 쉬면서 상대방의 흐름을 끊는 게 좋아요. 그런 뒤 차분하고 부드럽게 상대방에게 명령함으로써 흐름을 내 쪽으로 바꿔놓는 거죠.

최설민 친구나 동료처럼 대등한 관계인데 나한테 무례하게 대하는 경우도 있잖아요. 그럴 때는 나도 어느 정도 맞받아칠 필요가 있지 않을까요?

성현규 선을 넘었을 때 바로 반응하는 거예요. 무시당하는 사람의 특징이 상대방이 선을 넘었는데도 반응하지 않고 그냥 받아들이는 거예요. 그러면 상대방은 점점 더 그 강도를 높이겠죠. 어떻게든 나의 불쾌함을 표현해야 해요. 비위를 맞출 필요도 없고 참을 필요도 없어요. 그렇게 한다고 해서 좋은 관계가 유지되는 게 아니에요. 한 가지 예로 3초 동안 웃지 않는 것만으로도 상대방이 움찔하면서 분위기가 바뀌어요.

평소에는 좋은 사람으로 지내도 좋지만 상대방의 무례함이 선을 넘어 불쾌하다고 느껴지면 그 순간만큼은 분위기를 싸늘하게 만들어서라도 내가 불쾌하다는 반응을 드러내는 거예요. 문명이 발달해도 약자를 공격하고 지배하고 싶어 하는 동물적 본능이 남아 있는 인간 사회에서 살아가려면 언제나 선을 지키는 게 중요합니다. 나도 함부로 선을 넘어서는 안 되고, 타인 또한 나에게 그렇게 하지 못하도록 나를 보호할 필요가 있죠.

다시 강조하지만 타인을 상대로, 특히 약자를 상대로 무례하게 구는 사람들은 진짜 별 볼 일 없고 불행하고 자존감 낮고 내면이 텅 빈 사람이에요. 우리가 두려워할 만큼 대단한 사람이 아니니까 절대 겁먹지 마세요. 그 대상이 누가 되었건 무례하게 나를 공격하는 사람에게는 반드시 맞받아치세요. 그게 오히려 좋은 관계를 유지하는 데도 도움이 됩니다.

놀심의 한 줄로 배우는 심리학

* 무례한 사람을 상대로 겁먹고 움츠러들 필요 없어요. 알고 보면 아주 약하고 불행하고 내면이 텅 빈 사람들이라 조금만 맞받아쳐도 쉽게 무너집니다.
* 나의 불쾌감을 표현하는 간단한 방법 중 하나는 3초 동안 웃지 않는 거예요. 그것만으로도 상대방이 움찔해서 흐름을 내 것으로 만들 수 있어요.

착한 사람이 똑똑하게
할말 다하는 방법

한윤성 | 여비추심리상담센터 대표

상대방의 언행으로 기분이 나쁜 건데
'내가 이상해서 그런 건가?'
'내가 꼰대스러워서 그런 건가?'라고
생각하는 사람들이 있어요.
내 생각과 감정을 타인이 정당하게 느낄지
너무 신경 쓰다 보니 싫은 소리를 못하는 거죠.

최설민　살면서 누군가로부터 싫은 소리를 듣는 게 기분 좋을 사람은 없을 거예요. 그렇더라도 내가 실수를 했거나 나한테 문제가 있다면 받아들이게 되죠. 반대로 내가 다른 사람에게 싫은 소리를 해야 할 때도 분명히 있어요. 그런데 그런 말을 잘 하지 못해서 늘 피해를 보는 사람들이 있어요. 다른 사람에게 싫은 소리를 하는 게 왜 그렇게 힘들고 어려운 일일까요?

함광성 살아 가면서 갈등이 전혀 없을 수는 없죠. 그런데 진화론적 측면에서 보면 인간은 갈등을 두려워할 수밖에 없어요. 인간 자체가 워낙 약한 존재라서 무리 지어 살 수밖에 없고, 그 무리 속에서 잘 지내려면 갈등을 최소화해야 하는 거죠. 무리에서 떨어져 혼자 된다는 것은 곧 생명에 위협을 느끼는 일이기 때문에 갈등을 두려워하는 게 당연해요.

그런데 갈등을 두려워하는 정도가 아니라 그것을 마치 재앙처럼 생각하는 사람들이 있어요. 하지만 지금 시대에는 갈등이 있다고 해서 내가 생명에 위협을 느끼는 건 아니잖아요. 그런데도 갈등이 매우 큰 위협으로 지각되면 다른 사람에게 싫은 소리를 잘 못하게 되는 것 같아요. 어느 정도는 기질적으로 위험성을 크게 느껴서 그럴 수도 있고, 후천적으로 관계에서 갈등을 겪고 그것으로 인해 매우 힘든 경험을 했기 때문에 그럴 수도 있어요.

왕따나 집단 폭력처럼 트라우마가 될 수 있는 갈등으로 인해 위협을 느낀 경험이 있는 사람은 다른 사람에게 싫은 소리를 잘 못하게 돼요. 갈등이 곧 위협으로 느껴지기 때문이에요. 반대로 관계 속에서 갈등 경험이 전혀 없던 사람도 다른 사람에게 싫은 소리를 잘 못해요. 그런 말을 해본 경험이 없기 때문이에요. 유기농 음식만 먹다가 인스턴트 음식 한 번 먹으면 몸에 큰일이 날 것처럼 느끼는 것과 같아요.

내가 싫은 소리를 못 하는 이유

최설민　그러면 유독 싫은 소리를 하기 힘들어하는 사람들에게서 나타나는 공통의 특성이 있는 건가요?

함광성　그런 특성이 연구된 건 아니지만 현장에서의 경험을 종합해 분류해 보면 먼저 '벌꿀오소리형'이 있어요. 제가 이름 붙인 건데, 정확하게는 '벌꿀오소리형이라고 착각하는 유형'이에요. 벌꿀오소리는 자기보다 몸집이 큰 사자가 되었든 호랑이가 되었든 가리지 않고 다 상대하잖아요. 그것처럼 싫은 소리를 하는 것 자체를 전부 상대방을 향한 공격이라고 해석하는 유형이에요.

이 유형의 사람들은 흔히 "어떻게 그런 말을 해. 그러면 싸우자는 거잖아"라고 말해요. 그렇지만 싫은 소리를 한다는 건 공격이라기보다 방어에 가까워요. 벌꿀오소리처럼 무조건 타인을 공격하겠다는 게 아니라, 고슴도치가 맹수의 위협이 느껴지면 살기 위해 가시를 세우는 것처럼 나를 지키기 위한 하나의 방어 수단이라고 생각할 필요가 있어요. 나는 나 자신을 지켜야 할 의무가 있는 거니까요.

최설민 다른 사람에게 싫은 소리를 하는 건 공격이 아니라 나를 지키기 위한 일종의 방어 수단이라고 관점을 바꿔야 하는 거네요.

함광성 그렇죠. 두 번째는 '자기 불신형'이에요. 상대방의 언행에 뭔가 불편한 느낌이 드는데 '내가 이상한 건가?'라고 생각하는 거예요. 이 유형의 사람들은 "저만 이상하게 생각한 거면 어떡해요. 제가 꼰대스러워서 그런 거 아닐까요?"라는 말을 많이 해요. 내가 느끼는 감정이나 생각을 타인이 정당하게 느낄까에 대해 너무 신경 쓴 나머지 상대방에게 싫은 소리를 못하는 거죠. 그래서 자기 생각에 확신을 갖기 위해 주변 사람들에게 물어봐요. 내가 이상한 게 아니고 충분히 기분 나쁠 만했다는 말을 들을 때까지 물어보는 거죠.

문제는 아무리 주변에서 "아니야, 네가 그렇게 하는 게 맞아"라고 말해도 100퍼센트 확신을 못 갖기 때문에 끝내 싫은 소리를 못해요. 이런 유형의 사람들이 명심해야 하는 건 아무리 주변 사람들에게 물어봐도 100퍼센트 확신은 생기지 않는다는 것, 그리고 내 감정 표현이 반드시 타인에게 정당화되어야 할 필요는 없다는 거예요. 한편으로는 이기적으로 보일 수도 있지만 내 기분이 나쁜 것, 내가 싫은 것은 지극히 주관적으로 판단할 감정인 거죠.

최설민 최소한의 자기방어 차원에서 본다면 싫은 것에 대한 표현은 일종의 권리인데 그걸 너무 불편하게 생각하는 건 조금 지양해야 하지 않을까 싶어요.

함광성 맞아요. 세 번째는 '타인 불신형'이에요. 내가 이런 말을 하면 상대방이 무조건 싫어할 거고, 관계가 깨질 거라고 믿는 거죠. 기본적으로 타인에 대한 신뢰가 없는 이런 경우도 싫은 소리를 잘 못해요. 그런데 실제로는 상대방이 무조건 싫어하지도, 관계가 깨지지도 않을 확률이 더 높아요.

입장 바꿔 생각해 보면 이해가 쉬워요. 만약에 내가 지금 하려는 싫은 소리를 상대방이 나한테 했을 때 과연 내가 그 사람과 관계를 끊을 건지 생각해 보는 거예요. 대부분 조금 언짢을 수는 있어도 관계를 끊지는 않아요. 그래서 타인 불신형이라면 입장 바꿔 생각해 보는 게 도움이 될 거예요.

최설민　약간 환상 속에 있는 느낌이네요. 낭떠러지가 없을 확률이 높은데도 마치 앞에 낭떠러지가 있을 거라고 생각하는 것처럼요.

함광성　그렇죠. 네 번째는 '과도한 역지사지 유형'이에요. '내가 이런 말을 하면 상대방이 얼마나 속상할까?'라고 지나치게 염려한 나머지 지레 상대방 감정에 공감하는 거죠. 지나치게 공감하다 보니 죄책감이 생겨서 더더욱 싫은 소리를 못해요. 다른 사람의 입장을 미리 생각해 주는 건 이타적인 아주 좋은 덕목이지만 지나치면 정작 나에 대해서는 잘 공감하지 못하는 문제가 생겨요. 그래서 나는 없고 상대방만 있는 상황이 반복되는 거죠. 그럴 때는 이 일이 내가 아니라 내 자식이 겪은 거라면 어떻게 할 건지 한번 생각해 보면 도움이 될 것 같아요.

화의 표현은 나를 위한 최소한의 방어

최설민　그렇게 나보다 다른 사람을 우선으로 챙기는 데는 그럴 만한 이유가 있을 것 같아요. 어떻게 보면 착한 사람 증후군 같다는 생각이 들기도 해요.

함광성 　그 원인을 한마디로 정의하기는 어렵지만 대부분은 타인을 챙기고 공감해야만 하는 관계 경험을 많이 했을 거예요. 그런데 사실 공감과 기부를 혼동하면 안 돼요. 기부는 내가 많이 가지고 있지 않아도 아주 조금이라도 성의껏 내놓을 수 있는 거지만 공감은 나를 챙기지 않으면 할 수 없어요. 나부터 챙기고 내 마음이 편안한 상태가 되어야 타인에 대한 공감이 가능한 거예요. '나'가 빠져 있는 공감은 가짜일 때가 많아요.

최설민 　지금까지 유형별로 설명해 주신 그런 여러 가지 이유로 인해 계속해서 싫은 소리를 못하고 살면 정작 본인에게 부정적인 영향을 끼치지 않을까 싶어요. 구체적으로 어떤 일이 생기나요?

함광성 　싫은 소리에 기본적으로 깔린 감정은 분노나 화예요. 이 분노는 어딘가로 향해 분출되어야 하는 감정이에요. 그런데 상대방한테 화가 나서 싫은 소리를 해야 할 때 하지 못하면 그 분노의 방향이 나 자신한테로 바뀌어요. 상대방한테 가야 할 분노가 나한테 오는 거죠. 예를 들면 '내가 괜히 여기를 와서…', '내가 괜히 이걸 먹겠다고 해서…'라며 자기한테 화살을 돌리는 거죠.

이렇게 타인에게 향할 분노가 자기 내부를 향한 공격으로 바뀌면 이것이 우울이라는 정서로 이어져요. 이런 생각들이 계속 가지를 뻗다 보면 '내가 왜 태어나서…'라는 데까지 확장될 수도 있어요. 우울한 정도를 넘어 우울증이 되는 거죠. 그렇기 때문에 분노는 분명히 어딘가로 향해야 한다는 걸 반드시 기억해야 합니다. 안 그러면 마음의 병이 커질 수도 있어요.

최설민 싫은 소리를 못하는 사람이 마음가짐을 바꾼다고 해서 바로 싫은 소리를 잘하게 되는 건 아니잖아요. 실제로 그렇게 되려면 기초적인 연습이 필요할 것 같아요. 싫은 소리를 잘할 방법이 있을까요?

함광성 워낙 싫은 소리를 안 해본 사람은 화가 나서 그걸 표현하고 싶어도 사실 선뜻 하기가 어려워요. 경험이 없는 사람이 대중 앞에서 발표를 하게 되었을 때 해야 할 말들을 일목요연하게 정리한 것들을 보면서 하면 좀 나은 것처럼, 평소에 화가 났는데 말하지 못했다면 나중에라도 그때 해야만 했던 말들을 적어보는 거예요. 그것만으로도 상황을 복기하게 되니까 다시 비슷한 상황에 놓였을 때 언어화가 좀 더 잘될 수 있죠.

이때도 반드시 주의해야 하는 게 나에 대한 비난을 쓰면 안 돼요. 차라리 상대방에 대한 욕을 쓰는 게 도움이 되지 절대 자책하는 말은 쓰지 마세요. 작정하고 남 탓하는 시간이라고 생각하고 쓰는 거예요. 사실 이런 방법적인 것보다 더 중요한 것은 이걸 말해야겠다 싶은 순간에 좀 더 민감해지는 거예요. 이건 진짜 해야 해, 이건 나를 위한 최소한의 것이야, 배고플 때 밥 먹는 것과 같은 거야, 이렇게 조금 억지스럽게라도 그 상황에 민감해지는 게 중요합니다.

놀심의 한 줄로 배우는 심리학

* 이타심은 훌륭한 덕목이지만 지나친 공감은 나를 잃게 만들어요. '나'가 빠져 있는 공감은 가짜일 수 있습니다.
* 누군가에게 화가 나는데 참으면 그 분노의 화살이 나 자신에게로 향해 마음의 병이 생길 수 있어요. 싫은 소리를 하는 건 공격이 아니라 나를 지키기 위한 하나의 방어 수단입니다.

나를 만만하게 보는 사람과
두려움 없이 공존하는 방법

조정원 | 마인드정신건강의학과의원 대표원장

상대방을 무시하는 사람들은
나와 타인의 감정에 경계가 없어요.
당연한 듯 자기의 감정을 타인에게 주입하죠.
이런 사람과는 감정의 경계를 두는 게 좋아요.
네 말이 맞을 수도 있지만 나는 그렇게 생각하지
않는다는 걸 분명하게 표현하는 거죠.

최설민　상대방의 말과 행동이 얼핏 나를 배려하고 신경 써
주는 것처럼 보이지만 가만히 생각해 보면 은근히 나를 얕
잡아보거나 만만하게 여기는 것처럼 느껴질 때가 있어요.
또 나한테만 유독 더 그런 것처럼 느껴지기도 하고요. 은근
히 상대방을 무시하는 말을 일삼는 사람들은 어떤 심리를
가지고 있어서 그렇게 행동하는 걸까요? 그들만의 공통적
인 특징이 있나요?

조장원 누군가를 무시한다는 건 상대방의 기준이나 감정이나 욕구를 헤아리지 않고 본인의 것을 중요시하는 거잖아요. 은근히 상대방을 무시하는 말과 행동을 보면 겉으로는 굉장히 포장되어 있어요. 상대방을 위하는 것처럼 말하지만 진짜 속 내용은 그렇지 않죠.

첫 번째 특징이 "조 대리, 일 하나 시켜도 괜찮지?"라는 식으로 묻는 거짓 질문이에요. 상대방의 의견을 묻는 것 같지만 사실은 그게 궁금한 게 아니에요. 그렇게 물어보면 상대방이 안 괜찮다고 말하기 어려워서 그냥 "아, 네…"라고 대답하도록 유도하는 거죠. 그래 놓고는 나중에 "그때 조 대리가 괜찮다고 했잖아. 하기 싫으면 그때 싫다고 했어야지"라고 말해요.

두 번째 특징은 거짓 조언을 잘한다는 거예요. 나를 위한답시고 "친구로서 이야기해 줄게", "내가 너한테 뭐 하나 알려줄게" 하면서 조언을 해주는데 결국에는 나를 위한 게 아니고 그냥 본인 하고 싶은 말을 하는 거예요. 조언이라고는 하지만 대부분 영양가가 없어요. 특히 많이 하는 말이 "그냥 내려놔. 그거 네가 욕심이 많아서 그래"라는 식이에요. 예를 들어 임신이 안 되어서 근심인 친구한테 "나도 임신이

194

안 되었는데 내려놓으니까 되더라"라고 하거나 공부하는 친구한테 "뭘 그렇게 열심히 해. 그냥 내려놓고 편하게 해. 너 욕심이 너무 많아"라고 말하는 거죠. 나를 위한답시고 조언 아닌 조언을 하는 거예요.

최설민 듣는 사람도 기분이 나쁘고, 자기도 인심을 잃을 수 있는데 굳이 그런 말을 하는 심리가 뭘까요?

조장원 본인이 상대방보다 더 뛰어나다는 걸 느끼고 싶은 거죠. 가령 유튜브 종사자도 아닌 친구가 "내가 진짜 유튜브 많이 본 사람으로서 널 위해 말해주는 건데, 너 영상 제목을 좀 더 재미있게 만들어봐"라고 말해요. 내가 너보다 더 뛰어나고 우위에 있다는 걸 '조언'으로 포장해서 전달하는 거죠. 그러니까 실체는 상대방을 위한 게 아니라 자기 자신을 위한 거예요.

세 번째 특징은 거짓 질문과 거짓 조언에 이어 거짓 공감을 많이 한다는 거예요. 가령 나한테 "너 아까 A 때문에 많이 화났지?"라고 말해서 내가 "아니, 나 화 안 났는데"라고 하면 "아니야, 너 화났는데 왜 감정을 숨겨?" 하면서 A 욕을 막 해요. 나에게 공감해 주는 것처럼 굴지만 사실 그건 자기의 감정을 나에게 주입하는 거예요. 나는 아니라고 하는데도 나의 감정을 존중할 생각이 없는 거죠.

적정하게 거리를 둬야 찔리지 않는다

최설민 나를 이용해 책임을 전가하려는 것 같다는 느낌이 드네요. 그런데 그렇게 은근히 행동하고 말하는 사람을 상대로 대놓고 받아치기는 어려울 것 같아요. 자연스러우면서도 단호하게 대처할 다른 방법이 없을까요?

조장원 타인을 무시하는 사람들은 관계에서 수직적이고 유연하지 못하며 닫혀 있는 경우가 많아요. 당연히 생각도 유연하지 못해서 레퍼토리가 거의 정해져 있죠. 내가 부족해서 나한테만 그러는 게 아니라 어딜 가서든 그런 식으로 말해요. 그게 나한테도 통할 거라고 생각하고 거짓된 방식을 사용했다는 부분에 있어서는 나를 무시한 게 맞아요. 하지만 그 내용은 누구에게나 하는 똑같은 레퍼토리니까 그것까지 나를 무시했다고 생각할 필요는 없어요. 어디까지나 그 사람에게 문제가 있는 것이지 내가 이상해서가 아니기 때문에 그걸 반드시 분리해야 해요.

제가 환자들에게 "얼마든지 그럴 수 있어요"라고 말하는 건 공감을 표현하는 거예요. 하지만 "당신은 그럴 수도 있어요", "당신 생각은 그럴 수 있어요"라고 말하는 건 나와 상대방의 감정에 경계를 두는 거예요. 상대방을 무시하는 사람들은 나와 타인의 감정에 경계가 없어요. 당연하다는 듯 자기의 감정을 타인에게 주입하죠. 이런 사람을 상대로는 감정의 경계를 두는 게 좋아요. 네 말이 맞을 수도 있고 네 생각이 맞을 수도 있지만 나는 그렇게 생각하지 않는다는 걸 분명하게 표현하는 거죠.

최설민 경계가 없으면 어느 순간 상대방의 거짓된 방식에 휘둘려서 같이 진흙탕에 빠질 수도 있겠네요. 그렇게 되지 않으려면 상대방과 나의 감정을 분리할 수 있도록 경계가 필요하고 그게 곧 나를 보호하는 방법이라고 이해하면 될까요?

조장원 그렇죠. 고슴도치 딜레마라는 게 있어요. 보통 동물들은 추우면 서로 붙어서 온기를 나누고 바람도 막아주죠. 그런데 고슴도치는 온몸이 가시로 뒤덮여 있어서 온기를 나누려고 가까이 가면 서로를 찔러서 아파요. 아프니까 다시 멀어지고, 또 멀어지면 추우니까 다시 가까이 가고… 진짜 딜레마인 거죠. 사회심리학에서도 인간은 누구나 가시가 있어서 적정한 거리를 둬야 한다고 말해요. 타인을 무시하는 사람들은 이 거리 조절이 안 되는 거니까 나라도 경계를 둬야 하는 거죠.

최설민 그렇게 은근히 나를 무시하는 사람 말고 아예 대놓고 무시하거나 얕잡아보는 사람도 있잖아요. 그런 사람들도 말과 행동의 유사한 특징이나 패턴이 있나요?

조장원 대표적인 예는 의도적인 침묵 전략을 쓰는 사람이에요. 상대방이 나한테 왜 화가 났는지, 심지어 화가 났다는 것조차 말하지 않은 채 의도적으로 침묵하면 나는 계속 생각하게 돼요. '나한테 왜 그러는 거지? 내가 뭘 잘못한 거지?' 심지어 '내가 어떻게 해야 저 사람이 풀어지지?' 하는 생각까지 하게 되죠. 가령 직장에서 상사가 어느 순간부터 내 인사를 안 받아준다거나 또 잘 이야기하고 있다가 내가 무슨 말만 하면 갑자기 입을 딱 닫고 조용해지는 식이죠. 대놓고 무시하는 걸 넘어 아예 옆에 사람을 통해서 말을 전달하기도 해요.

최설민 저도 평소 잘 지내던 사람이 갑자기 저한테 말을 안

해서 무척 힘들었던 경험이 있어요. '나한테 왜 그럴까?' 생각하면서 모든 신경이 그 사람한테 집중되니까 삶이 피폐해지더라고요.

조장원 　가까운 사이였던 사람이 의도적으로 인사를 안 받고 말을 안 하면서 대놓고 나를 무시하면 화만 나는 게 아니라 두려워지기도 해요. 그 사람을 대할 생각만 해도 불안해지죠. 문헌에 보면 누군가 의도적으로 나를 무시할 때 크게 두 가지를 하지 말라고 말해요. 하나는 나에게서 그 원인을 찾지 말라는 거예요. 내가 뭘 잘못했는지 생각하는 것 자체가 그 사람에게 조종당하는 것이기 때문이에요. 또 하나는 풀어주지 말라는 거예요. 내가 먼저 풀어주면 그 사람의 전략이 더 강력해져서 더 자주 그럴 거라는 거예요.

여기에 제가 하나 덧붙이자면 회피하지 말라는 거예요. 내가 그 사람과 더 이상 안 봐도 되는 관계라면 무조건 안 만나는 게 좋아요. 하지만 가까운 사이이거나 가족이나 직장 상사라면 안 볼 수가 없죠. 그런데 불편하고 무서우니까 어떻게든 피하려고 해요. 아예 안 볼 사이라면 피하는 게 좋지만 계속 봐야 하는 사이라면 피하지 않는 게 좋아요. 불안이나 두려움은 회피하면 할수록 더 강해져요. 내가 인사를 해도 의도적으로 안 받던 부장이 휴가를 가서 안 보이니까 너무 좋은 거예요. 그런데 휴가에서 돌아오는 날이 가까워질수록 내 마음은 더 불안해져요. 잠깐의 안도감이 오히려 독으로 작용하는 거죠.

불안이나 두려움을 극복하려면 우선 주변에 알리는 노출 전략이 필요해요. 많은 사람들이 의도적인 침묵과 전략적 무시를 당해도 주변에 이 사실을 알리기를 꺼려요. 내가 이 말을 했을 때 사람들이 나를 탓하거나 나를 약한 존재로 여길 거라는 두려움 때문이고, 또 하나는 내가 무시당하고 있다는 사실을 인정하기 싫어서예요. 그래서 일단 나를 지지하고 나와 가까운 사람들에게 내가 무시당하고 있다는 사실을 말하는 게 좋아요. 그러다 보면 나도 점점 이 상황을 인정하게 돼요.

그렇게 해서 어느 정도 용기가 생기면 상대방의 침묵을 내가 먼저 깨는 거예요. 다만 전제가 있어요. 앞에서도 말했듯이 내 잘못이라고 인정하거나 상대방을 풀어주는 게 아니라 그 사람이 나를 미워한다는 걸 내가 알고 있다는 사실을 알리고, 나는 어떻게 할지 방법을 모르니 당신이 나중에 말해달라고 하는 거예요. 그렇게 함으로써 상대방이 나한테 던진 숙제를 상대방에게로 넘기는 거죠. 의도적으로 침묵하는 사람들은 자기가 무엇 때문에 화가 났는지도 명확하게 모르고, 자기의 감정을 어떻게 해결해야 하는지도 몰라요. 그래서 상대방이 해결해 주기를 바라고 있는 거예요.

매해 겨울이 오는 게 내 탓은 아니다

최설민 내가 먼저 침묵을 깨주되 상대방이 원하는 방식이 아니라 내가 받아들일 수 있는 방식으로 깨는 거네요. 지금까지는 주도권이 상대방에게 있었지만 해결해야 할 숙제를 상대방에게 넘김으로써 그 주도권을 이제 내가 쥐게 된 거잖아요. 관계에 경계를 두는 또 다른 좋은 방법이라는 생각이 들어요.

조장원 그래서 관계에서 내가 좀 더 능동적으로 바뀔 필요가 있어요. 그런데 그런 말을 하기가 쉽지 않죠. 특히 직장처럼 수직적인 관계에서는 내가 평가받는 쪽이라 더 두렵죠. 그럴 때는 한 번에 시도하기보다 단계적으로 올라가는 거예요. 나를 지지하는 사람들에게 이 사실을 털어놓는 게 좋아요. 심리적인 조정을 당하다 보면 내 생각에 갇히기 쉬워요. 다른 사람들과 이야기하면서 조언도 구하고 지지받고 하면 도움이 되죠.

최설민　애초부터 내가 만만한 사람으로 보이지 않고 그런 사람들의 표적이 되지 않기 위해 나 스스로 할 수 있는 노력이 있을까요?

조장원　첫째는 내가 관계를 주도적으로 이끌어가는 연습이 필요해요. 한 가지 팁을 말하자면 대화를 내가 먼저 끝내는 연습을 해보면 도움이 많이 돼요. 예를 들어 만만한 사람으로 오해받는 사람 중에 통화를 하다가 내가 먼저 끊는 걸 굉장히 어려워하는 경우가 있어요. 내가 먼저 끊으면 찝찝할 것 같아서 그런 거예요. 하지만 어떤 관계든 찝찝함이 전혀 없을 수는 없어요. 이 찝찝함을 견디는 연습이 필요해요.

둘째는 '미안하다'와 '고맙다'는 말을 남발하지 않는 거예요. 고맙거나 미안한 상황이 아닌데도 매번 그런 말을 하면 만만하게 보일 수 있어요. 이런 습관을 바꾸려면 고맙거나 미안하다고 말할 때는 항상 그 이유를 설명하세요. 만약에 설명할 이유가 없다면 그 표현을 쓰지 않는 게 맞아요. 그리고 고맙다와 미안하다 중 하나만 쓰세요. 내가 잘못해서 미안해하는 상황이 맞는 건지, 상대방이 배려해 줘서 고마운 상황이 맞는 건지가 명확하면 당연히 둘 중 한 가지만 사용하게 되겠죠.

셋째는 타인이 나에게 한 잘못된 행동에 대해 매번 '그럴 수도 있지'라고 생각하지 않는 거예요. 내 분노가 너무 크거나 조절하기 어려워서 그럴 수 있는데, 상대방에게 분노를 느끼지 않으려고 그러는 거죠. 이를 '인지부조화'라고 해요. 나의 신념이나 생각으로 이 상황을 설명할 수 없으면 불안하니까 그 이유를 다른 데서 끌어오려는 거예요. 상대방의 행동을 정당화하는 이유가 그 사람에 대한 나의 분노를 감추기 위한 거예요. 그래서 좀 더 나의 분노를 인지하려는 노력이 필요해요.

최설민   내가 만만한 사람이 되지 않으려면 결국 나의 객관화가 중요한 핵심인 것 같아요. 그렇게 되려면 나를 성찰하는 시간이 필요하다는 생각이 듭니다.

조장원   만만하게 보인다고 오해받는 사람들에게 "네가 너무 착해서 그래", "너무 친절해서 그래", "거절을 못해서 그래", "잘해주지 마, 단호하게 거절해" 등의 말을 쉽게 하는 사람들이 있어요. 그들의 말에 더 상처받아서 끝내 병원을 찾기도 하죠. 사실 친절하고 착한 건 이 사람의 매력이에요. 그래서 자기들도 이 사람과 친하게 지내는 거잖아요. 나한테는 친절하고 잘해주기를 바라면서 다른 사람에게는 그렇게 하지 말라는 건 어폐가 있죠. 내가 잘못해서 상대방이 나를 만만하게 보는 게 절대 아니에요. 어떻게 보면 주변에서 그런 말을 하는 사람들이 더 나를 만만하게 보는 것일 수도 있어요.

제 환자 중에 우울증이 정말 심할 때 자기 탓을 많이 한 분이 있어요. 어느 날은 병원에 와서 자기가 정말 좋아졌다고 말하는 거예요. 어떻게 좋아졌느냐고 묻자 "지금껏 우울할 때는 겨울이 오는 게 제 탓인 줄 알았어요. 이제는 겨울이 오는 게 제 탓이 아니라는 걸 알지만 그렇다고 아무 준비도 안 하진 않을 거예요"라고 말씀하시는 거예요. 반복해서 겨울이 오니까 본인이 그 겨울을 만든다고 생각했던 거죠. 나를 힘들게 하는 사람이 계속해서 생기면 많은 사람이 '이렇게 반복되는 건 나한테 문제가 있어서 그런 거 아닌가?'라고 생각하기 쉬워요.

하지만 겨울이 오는 게 내 탓이 아닌 것처럼 내 주변에 그런 이상한 사람들이 있는 게 내 탓은 아니잖아요. 친구나 직장이나 심지어 가족 중에도 그런 사람이 있을 수 있는데 그걸 내가 어떻게 다 조절할 수 있겠어요. 무시당하는 상황이 반복된다고 해서 그게 내 탓이 아니라는 걸 반드시 알아야 하고, 그렇다고 해서 아무 준비도 안 하진 말고 나 자신을 보호하기 위한 준비는 해야겠죠. 무시당하고 절망했던 그때의 나로 돌아간다면 어떤 말을 해줄 수 있을까요? 저는 이 말을 꼭 해주고 싶어요. "그 사람 아무것도 아니야."

놀심의 한 줄로 배우는 심리학

* '미안하다'와 '고맙다'는 말을 남발하지 마세요. 고맙거나 미안해할 이유가 없는데도 그 말을 사용하면 만만하게 보입니다.
* 내가 무시당하는 원인을 나에게서 찾지 마세요. 내가 뭘 잘못했는지 생각하는 것 자체가 그 사람에게 조종당하는 겁니다.

PART 3

인생은 길다는 것을 기억하라

CHAPTER 5

무너지지 않는 감정 사용법

나를 행복하게 만드는 일이 무엇인지
당장 몇 가지나 말할 수 있나요?
활력이 넘치는 사람들은 자기 자신이
즐거워지는 일의 리스트가 많아요.
희망이 꺾이는 절망보다 무서운 것은
좋아하는 게 없어 생기는 허무함이에요.

쉽게 지치지 않도록
마음에 보호장치 설치하기

김경일 | 아주대학교 심리학과 교수

주변에 보면 늘 활기차고 생산적인
사람들이 있어요. 그들은 내가 뭘 할 때
행복한지를 아주 잘 알아요.
사소해 보이지만 그것들을 자주 함으로써
만족을 느끼고, 그렇게 주기적으로
에너지를 충전하니까 지치지 않는 거죠.

최설민 현대 사회를 살아가는 대부분의 사람들은 환경, 경제, 성공, 관계, 경쟁 등 다양한 요소들로 인해 늘 지치고 힘든 일상을 보내요. 어쩔 수 없는 현실이라고 받아들이며 살아가기에는 버겁게 느껴질 때가 많아요. 교수님 책에서 지치지 않고 살아가는 방법에 대해 읽은 적이 있어요. 어떻게 하면 조금이라도 덜 지치고 긍정적인 마음으로 활기차게 살아갈 수 있는지 궁금합니다.

김경일 조금 각도를 달리해 이야기해 보자면, 인간은 살아 있는 생명체고, 생명체가 살아가기 위해서는 에너지가 필요하죠. 지치지 않고 살아가기 위해 우리에게 필요한 건 에너지 마련책이에요. 그 에너지를 만들 수 있는 우선적인 방법은 작은 행복 경험이에요. 요즘 말로 하면 '소확행'이죠. 다만 소확행을 '내일 일은 모르겠다. 오늘 그냥 신나고 즐겁자'가 아니라, 지치지 않고 내일 더 열심히 살고 다음 주에 더 힘을 내기 위해서 오늘 조금씩 행복을 경험한다는 개념으로 이해하는 게 좋아요.

예를 들어 아나볼릭 스테로이드 같은 약물은 운동선수들에게 복용이 금지되어 있죠. 이런 금지 약물을 복용하면 보통 급격히 근육이 빵빵해지고 힘이 세질 거라고 생각하지만 이런 약물 효과의 상당 부분은 극도의 쾌락적 행복감 euphoria experience을 준다는 거예요. 심리적 행복감을 만들어 내면 선수들이 혹독한 훈련을 더 잘 견뎌내니까 결과적으로 운동근육이 더 많이 붙게 되는 거죠. 그래서 매일매일의 작은 행복감을 에너지와 자원의 개념으로 생각할 필요가 있어요.

연세대학교 심리학과 서은국 교수님은 『행복의 기원』에서

"인생의 목표가 행복이다"라고 말해요. 하지만 이 명제만으로는 절대로 활기차게 살아갈 수 없다는 거예요. 그러니까 행복은 도구이자 에너지예요. 오늘도 많이 힘들었고 다음 주도 힘든 일이 있을 예정이라면 아주 짧은 순간이라도 내가 만족감이나 행복감을 느낄 수 있는 경험을 하는 게 좋아요. 그렇게 작은 행복을 자주 경험하는 게 우리가 지치지 않고 잘 살아가는 방법이에요.

제 경우는 맥주 두 캔, 쥐포 한 장, 땅콩 스무 알이 있으면 행복해요. 이걸 딱 먹고 나면 '오늘 맥주 맛있게 마셨다!'는 느낌이 들어요. 이 느낌이 내일 또 열심히 일하며 살아가게 하는 에너지가 되는 거예요. 그래서 이렇게 소소한 거라도 내가 뭘 할 때 행복한지를 많이 알고 있는 사람이 잘 지치지 않아요.

주변에 보면 늘 활기차고 생산적인 사람들이 있잖아요. 그들은 자기 자신에게 행복감을 주는 것들의 리스트가 많아요. 사소해 보이지만 그것들을 자주 함으로써 만족을 느끼면 그때마다 내 뇌에 '오늘 에너지 하나 마련했어'라고 입력되는 거예요. 그렇게 주기적으로 에너지가 충전되니까 지치지 않고 많은 일을 해낼 수 있는 거죠.

에너지를 채워주는 일상의 작은 경험들

최설민 작은 만족감과 행복감이 내 삶을 활기차게 만들어주는 도구이자 자원이 되는 거네요.

김경일 그렇죠. 제가 어떤 프로그램을 만들기 위해 복권에 당첨되었다가 파산한 사람들을 대상으로 비공개 사전 인터뷰를 한 적이 있어요. 몇십 억의 당첨금을 받았는데 왜 그렇게 짧은 시간 안에 파산하게 되었을까요? 그들의 공통점은 위시리스트가 없다는 거였어요. 평소 내가 뭘 했을 때 행복한지 몰랐으니까 뭔가 더 큰 소비를 하면 행복할 거라고 생각한 거예요. 하지만 돈을 많이 써야 행복한 건 아니잖아요. 그런데 그걸 모르니까 계속해서 더 큰 돈을 쓰면서 과도한 소비를 하고 나니 남은 돈이 없는 거죠.

외국 사례 중에는 복권에 당첨되자마자 100억 원짜리 요트를 산 사람도 있어요. 그걸 사면 행복해질 줄 알았으나 빠른 속도로 돈을 탕진하고 파산한 경우가 더 많죠. 그들에게는 평소 내가 좋아하는 게 뭔지 모른다는 공통점이 있어요. 저는 설렁탕 한 그릇을 먹으면 최소 6시간 동안은 행복해요. 그만큼 설렁탕을 좋아하니까 제가 늘 가는 설렁탕집이 있죠. 제가 돈이 많아져서 50만 원짜리 설렁탕을 먹을 수 있다고 해도 저는 제가 좋아하는 설렁탕집에서 1만 원짜리 설렁탕을 먹을 거예요. 그 집에서 그걸 먹을 때 행복하다는 걸 알기 때문이에요.

최설민 평소 자기가 좋아하는 게 뭔지 몰라서 위시리스트를 가지고 있지 않은 사람은 그저 남들이 좋아하는 걸 보면서 그것보다 더 비싼 걸 가지면 자기가 행복할 수 있을 거라고 착각하는 거네요.

김경일 그래서 복권에 당첨되었다가 가까운 사람들과 의절하는 사람도 있고, 이혼하는 부부도 아주 많아요. 복권에 당첨되기 전까지는 나에게 가장 소중한 사람이고 나랑 가장 말이 잘 통하는 사람이었는데, 복권에 당첨되고 나면 그 상대가 배신할지도 모른다거나 언제 내 목을 조를지 모른다고 생각하게 되는 거예요. 이것은 큰 부자들이 치르는 대가이기도 해요. 그들이 자녀에게 가장 많이 하는 이야기는 남을 믿지 말라는 거예요.

복권이 당첨되어서 갑자기 큰 부자가 되면 그래서 사람을 못 믿게 돼요. 제일 빠른 속도로 배우자나 부모 자식과 의절하고 친척이나 친구들과도 멀어지죠. 그러면 그 빈 곳에

뭐가 남을까요? 외로움이죠. 그리고 그 외로운 공간에 누가 들어와요? 바로 사기꾼이에요. 이런 절차를 밟는 건 거의 공식이에요. 그런 일을 겪지 않기 위해서라도 평소에 '큰 돈을 가지면 뭘 할까?'라는 무의미해 보이지만 아주 중요한 상상을 해볼 필요가 있어요.

제가 지방 출장 때 두 시간 정도 KTX를 타고 가는데 그 시간 동안 이런 상상을 해봐요. '복권에 당첨되어 100억 원이 생기면 뭘 할까?' 그 위시리스트를 만들어보는 거예요. 유대인들이 경제 교육을 잘한다고 말하잖아요. 실제로 저와 가깝게 지내는 유대인 심리학자가 있는데 저녁에 가족들과 식사하면서 나라 걱정이나 공부 이야기가 아니라 '우리 100억 생기면 뭐 할까?'에 대해 이야기해요. 아이들에게도 어릴 때부터 "너 100달러 생기면 어떡할래?"라고 물어요. 그러면 아이는 "제인한테 사탕 두 개, 엄마한테 초콜릿 세 개" 하는 식으로 위시리스트를 작성해요.

그런 식으로 꾸준히 써놓으면 정말 재미있고 즐겁고 다양한 위시리스트가 만들어지는 거예요. 이런 위시리스트가 있는 사람이 진짜 복권에 당첨되면 그 목록대로 돈을 사용하기 때문에 단기간에 파산하는 일은 절대 생기지 않죠. 돈을 어디에 써야 할지를 생각하게 만드는 것, 바로 그런 게 경제 교육이에요. 그리고 위시리스트를 쓰면서 성장해 가 다 보면 거기에 사회적 의미도 들어가고 내가 뭘 소망하는 지도 함께 담기면서 점점 더 근사해지죠.

절망감보다 무서운 무망감에 빠지지 않는 방법

최설민 어릴 때부터 써온 위시리스트에 자연스럽게 나만의 가치관이 반영되는 거네요. 그러면서 경제 교육의 효과도 함께 생기는 거고요. 그런데 내가 뭘 좋아하는지, 돈을 어떻 게 써야 하는지 모른 채 살아가면 어떻게 될까요?

김경일 돈을 어디에 어떻게 써야 할지 모른 채 돈을 버는 사 람은 그냥 돈을 벌다가 삶이 끝나는 거예요. 그게 무슨 의미 가 있겠어요. 그런데 무조건 이분법적으로 생각해서 열심 히 돈을 버는 삶이 아닌 건 그냥 '소확행', 즉 무책임한 삶이 라고 단정지어버려요. 그건 아니에요. 의미 있게 돈을 벌어 서 그 돈을 의미 있게 사용하고, 또다시 소망이 생기면 그 소망을 이루기 위해 또 돈을 벌고 하는 이런 선순환 구조를 이루면서 의미 있는 부자가 되어야 하는 거죠.

부자가 될 필요가 없다고 말하는 사람들이 있는데 제 생각은 그렇지 않아요. 제가 보기에 한국 사람들은 아주 재미있는 욕심꾸러기예요. 그래서 많이 가져야 돼요. 한국 사람들이 열심히 사는 이유, 또 세계 각국의 많은 사람들이 열심히 사는 이유는 뇌가 욕심꾸러기라서 그런 거예요. 많이 갖는 것에 합당한 의미를 부여하면 허망하지 않게 살아갈 수 있어요. 의미 없이 살다 보면 어느 순간 절망감보다 더 무서운 무망감無望感에 빠질 수 있어요. 절망감은 희망이 꺾인 거니까 얼마든지 다시 붙일 수 있어요. 희망을 전제로 하는 거죠. 하지만 무망감은 희망이 없다고 느끼는 것, 즉 희망을 만들어낼 능력조차 없는 사람들이 갖는 감정 상태예요.

최설민 희망조차 만들어낼 능력이 없다는 건 삶의 아무런 의미가 없는 것과 같은 상태라고 볼 수 있는 건가요?

김경일 그렇죠. 무망감에 빠져 있다는 건 다른 말로 하면 좋아하는 게 아무것도 없다는 거예요. 오로지 책임만 다하는 삶, 의무만 다하는 삶인 거죠. 우리나라에서 스스로 생을 마감한 사람들의 가슴 아픈 사연을 보다가 무척 속상했던 적이 있어요. 상당수가 어렸을 때부터 어른스럽다는 얘기를 듣고 자란 사람, 항상 남에게 폐 끼치지 않으려고 노력한 사람, 직장에서 그리고 가족의 구성원으로서 늘 나에게 주어진 임무를 완수하려고 애쓴 사람들이에요.

평생을 그렇게 살았으니 얼마나 훌륭한 사람들이에요. 그런데 그런 사람들이 늘 '이런 일은 안 일어나야 해', '내 책임만큼은 완수해야 해'라는 마음으로 살다 보니 어느 순간 무망감에 빠지는 거예요. 남을 위해 사는 것도 좋고 폐를 끼치지 않는 것도 좋아요. 그 자체로 숭고한 삶이죠. 중요한 것은 오랫동안 그런 의미 있는 삶을 살려면 내가 나에게 끊임없이 에너지를 충전해 줘야 한다는 거예요. 그런데 안타깝게도 책임과 임무를 완수하고 폐를 끼치지 않으며 열심히 산 사람들이 자신이 지쳐 있는 결정적인 순간에 에너지를 얻을 수 있는 대상을 생각해 내지 못한다는 겁니다.

최설민　저도 가끔 주변 사람들에게 좋아하는 게 뭔지 물어볼 때가 있어요. 그런데 대부분이 자기가 뭘 좋아하는지 모른 채 살아가고 있더라고요. 그러다가 어느 순간 절망감에 빠지면 아무런 힘도 발휘할 수 없는 것 같아요. 이 글을 읽는 분들이 지금 당장 위시리스트를 작성해 보면 어떨까 싶습니다. 나를 즐겁고 행복하게 하는 것의 목록을 만들어두면 지쳤을 때 에너지를 얻는 데 큰 도움이 될 것 같아요.

김경일 아주 좋은 생각이에요. 막상 지치고 절망감에 빠지면 잘 생각이 나지 않으니까 평소 생각날 때마다 적어놓으면 좋죠. 저는 대입 때는 재수를 안 했는데 유학을 갈 때는 재수를 했어요. 그때 내 위시리스트에 있는 것들을 조금씩 하면서 약간의 에너지를 얻었던 것 같아요. 그렇다고 해서 지칠 대로 지친 몸과 마음이 한순간에 도전 의지로 불타오르진 않겠지만 최소한 시동이 꺼지지 않게는 할 수 있어요.

최설민 우리가 행복해지기 위해서는 내가 좋아하는 게 뭔지 알아야 하고, 나만의 위시리스트를 통해 스스로 에너지를 채워 넣으면 절망에 빠지지 않거나 혹은 절망에 빠지더라도 다시 희망을 찾을 힘이 생길 것 같습니다.

놀심의 한 줄로 배우는 심리학

* 큰 행복을 꿈꾸기보다 소소한 행복을 주는 작은 경험들로 일상을 채워보세요. 내 삶을 활기차게 만드는 자원이 됩니다.
* 나에게 행복감을 주는 것들의 리스트를 만들어두세요. 지쳤을 때 그 리스트에 있는 것들을 하나씩 해보면 다시 에너지를 충전할 수 있습니다.

예민한 성격으로 힘들어하는
사람을 위한 감정 분리

유은정 | 서초좋은의원 원장,
굿이미지 심리치료센터 대표

우리의 해결되지 않은 감정에는
유효 기간이 없어요. 계속 진행 중인 상태죠.
그런 사람을 상대로 용서하라거나 그냥 묻어두라거나
이제 와서 왜 그런 이야기를 하냐고 말하는 건
이미 상처 입은 사람을 상대로
또 한 번의 상처를 입히는 일이에요.

최설민   예민한 게 나쁜 건 아니지만 그로 인해 상처받고 힘들어하는 사람들이 있어요. 내 예민함의 원인을 알아서 그것을 인정하고 받아들이면 덜 상처받고 덜 힘들 수 있지 않을까 싶어요. 예민한 사람과 보통사람의 차이는 뭔지, 그리고 어떻게 하면 자신의 예민함을 받아들이고 그로 인해 힘들다고 느끼는 부분들을 극복하고 살아갈 수 있을지 궁금합니다.

219

유은정 어떤 기준을 정해놓고 그 기준에 부합하지 않으면 예민하다고, 보통사람과 다르다고 말하는데, 사실 내 기준을 상대방에게 요구하는 것 자체가 일종의 폭력이라고 생각해요. 사람마다 생각이 다르고 어떤 상황에 대한 반응도 다르고 관계에 대한 정의도 다를 수밖에 없어요. 그런데 이를 고려하지 않고 그냥 전체를 뭉뚱그려서 나와 다르다고, 예민하다고 말하는 건 폭력이에요.

최설민 예민하게 반응하는 사람의 잘못이 아니라 오히려 그걸 예민하다고 몰아세우는 사람들에게 문제가 있다는 말씀인 거네요.

유은정 그렇죠. 정신과에 오는 환자들은 대부분 가해자가 아닌 피해자예요. 예를 들면 못된 상사 밑에서 일하는 부하 직원, 남자 친구에게 착취당하는 여자 친구, 폭력적이거나 알코올중독이거나 외도하는 남편을 둔 아내나 자녀처럼 피해자인 사람들이 병원에 오지 가해자가 병원에 오는 경우는 없어요. 그래서 저는 관계 속에서 착취당하는 사람들에게 집중할 수밖에 없고, 그분들에게 당신이 예민한 게 아니라 그들이 당신에게 상처를 주고 당신의 생활을 침범한 거라고 말해줘요.

최설민　자신의 예민함 때문에 걱정하거나 자책할 게 아니라 오히려 위로받아야 하는 사람일 수도 있다는 거네요. 그러면 대체로 사람들이 언제 예민해지나요?

유은정　누군가에게 공격당할 때예요. 예를 들어 내가 길을 건너려고 횡단보도 앞에 서 있는데 갑자기 누가 와서 내 따귀를 때렸어요. 그러면 엄청 화가 나겠죠. 이렇게 내가 뭘 잘못하지도 않았는데 시도 때도 없이 나를 공격하는 사람들이 있어요. 그런 사람들을 저는 '감정 뱀파이어'라고 표현하는데, 주변에 그런 사람들이 있는 한 예민해질 수밖에 없어요. 그런데 한 가지 생각해 볼 건 나도 언제든 그들처럼 가해자가 될 수 있다는 거예요.

단호하고 냉정하게 선을 긋는 결단력을 장착하라

최설민　내가 예민한 사람이 될 수도 있지만 반대로 상대방을 예민하게 만드는 가해자가 될 수도 있는 거네요.

유은정　맞아요. 타인을 공격하는 사람들의 특징은 상대방의 감정, 시간, 물질 등 가리지 않고 함부로 선을 넘나들며 상대방 감정의 영토를 짓밟는 행위를 해요. 예를 들어 내가 다이어트에 성공해서 너무 행복한 거예요. 그런데 친구가 이렇게 말해요. "너무 뺀 거 아니니? 얼굴에 주름 생겼어. 그만 빼. 그러다 요요 현상 온다." 다이어트에 성공하지 못한 자신의 열등감을 극복하려고 상대방을 깎아내리는 말을 하는 거죠.

최설민 걱정해 주는 척하면서 자기를 우월하게 하고 상대방을 깎아내리는 거네요. 제 경우에도 어떤 사람이 저에게 유튜브 그렇게 해서 얼마나 가겠느냐며 차라리 다른 걸 알아보는 게 어떻겠냐고 걱정해 주는 것처럼 말하는데 이상하게 기분이 나빴거든요. 이런 경우도 비슷한 상황이라고 볼 수 있을까요?

유은정 당연하죠. 제가 책을 출간했을 때도 주변 사람 중에 "또 썼어요?"라고 말한 사람이 있었어요. 저는 돈을 벌려고 책을 쓴 것도 아니고, 진료실에서 만난 환자들에게 해주고 싶은 말이 정말 많은데 시간이 부족해서 못 할 때가 많으니까 약을 처방하는 마음으로 블로그에 못다 한 말들을 올렸고 그걸 모아 책으로 엮은 거예요. 축하 인사라고 하지만 나를 깎아내리려는 말로 들려서 기분이 꽤 나빴었죠.

최설민 그렇게 주변에 끊임없이 나를 공격하는 사람들이 있고 그로 인해 내가 예민해지는 상황이 반복되면 일상이 힘들 수밖에 없잖아요. 나를 공격하는 사람을 상대로 어떻게 대처해야 할까요?

유은정 제 책에 쓰기도 했는데 '프레너미'라는 말이 있어요. friend(친구)와 enemy(적)의 합성어예요. 관계 속에서 친구인지 적인지 구분할 수 없는 사람을 뜻해요. 내 감정의 영토를 침범하는 사람을 대응할 때는 냉정하게 선을 긋는 결단이 필요해요. 내 생각을 단호하게 전달하고, 유연한 결단력도 필요하죠. 많은 사람들이 그 자리에서는 '그래' 하고 넘기고는 집에 와서 자려고 누웠을 때 곱씹는 경우가 많아요. 그렇기 때문에 그 순간에 단호함, 결단력, 냉정함 이 세 가지가 필요한 거예요.

최설민 그런데 평소에 전혀 그렇게 하지 못했던 사람이 하루아침에 단호함, 결단력, 냉정함을 장착하기는 어렵잖아요. 단계적으로라도 바뀌어 갈 수 있다면 좋을 텐데 어떻게 해야 할까요?

유은정 우선 오래된 나의 습관과 문제로 인해 내가 예민한 건지, 타인으로부터 온 상처 때문에 예민해진 건지 구분하는 과정이 필요해요. 마치 심리 치료의 과정과 비슷해요. 우리가 혼자 에베레스트 산을 등반해야 한다면 얼마나 막연하고 두렵고 긴장되겠어요. 심리 치료라는 산에 오르는 것도 역시나 떨리고 두려운 과정이에요. 그때 제가 환자들에게 해주는 말이 있어요. "혼자 가는 게 아니에요." 높은 산에 등반할 때 현지 셰르파의 도움을 받듯이 심리 치료 전문가와 함께 가는 거예요.

심리 치료는 또한 그림의 퍼즐을 맞추는 것과도 같아요. 내가 겪은 상황, 가족에게 받은 상처 등을 마주하고 퍼즐을 맞추듯 그때의 기억을 하나하나 맞춰보는 거예요. 그때는 우리 집 형편이 안 좋아서 그럴 수밖에 없었다거나 우리 엄마는 한 사람의 여자로서 그 상황에서 그럴 수밖에 없었겠구나 하고 퍼즐을 맞추듯이 객관적으로 상황을 이해하는 게 심리 치료예요. 그렇게 하려면 객관적으로 심리적 거리두기가 필요해요.

최설민 예민함에 대한 문제를 해결하기 위해 감정에 매몰되기보다 오히려 거리를 두고 나를 바라보는 자기 객관화가 필요한 거네요.

유은정 당연하죠. 엄마 집에 갔다 오면 늘 기분이 나쁘고 스트레스를 받는다고 말하는 환자가 있어요. 엄마와 이런저런 수다를 떨다 보면 과거 이야기가 나오기 마련이고 그래서 "그때 엄마 나한테 왜 그랬어?"라고 물으면 늘 "너 이제 와서 그 얘길 왜 꺼내는데. 너 참 예민하다"라는 식으로 말한다는 거예요. 나는 용기 내서 화해의 뉘앙스로 엄마에게 말을 꺼냈는데 엄마는 그것에 대해 한순간도 생각조차 해보지 않았다는 걸 알게 되면 어떤 마음일까요? 상처가 두 배가 되는 거죠.

우리의 해결되지 않은 감정에는 유효 기간이 없어요. 해결되지 않은 안 좋은 감정이 내 안에서 계속 진행 중인 상태죠. 그래서 그런 사람을 상대로 용서하라거나 그냥 묻어두라거나 이제 와서 왜 이야기하냐고 말하는 건 이미 상처 입은 사람을 상대로 또 한 번의 상처를 입히는 거예요.

해결되지 않은 감정은 유효 기간이 없다

최설민 그러면 그렇게 오랫동안 해결되지 않은 채 진행 중인 내 안의 감정을 해소하려면 어떻게 해야 할까요? 그런

채로 계속 살아갈 수는 없잖아요.

유은정   사실 사람은 과거에서 완전하게 벗어나기가 어려워요. 일정 부분 매일 수밖에 없죠. 사람마다 취약한 부분이 있고 또 다 달라요. 저 같은 경우에는 착한 여자 콤플렉스가 좀 있어요. 남에게 좋은 사람으로 보이고 싶어 하는데, 특히 병원 직원들에게 잘 보이고 싶어 하는 마음이 커요. 인격도 좋고 성격도 좋고 의사로서 또 사업가로서도 훌륭하다는 평가를 받고 싶은 마음이 크다 보니 스트레스를 받는 거예요. 또 좋은 사람이고 싶은 마음이 커서 상대방이 요구하는 것들을 들어주다 보니 나중에 상처받고 후회하는 일도 많아지죠.

또 자존심이 강한 성격은 인정 욕구가 강해요. 특히 남자들은 인정 욕구와 자신이 우월하게 보이고 싶은 욕구가 강하기 때문에 그렇지 않은 상황에 놓이면 자존심에 상처를 입죠. 그런 사람은 수치심이나 모욕감에 굉장히 취약해요. 또 저처럼 착한 여자 콤플렉스가 있는 경우는 죄책감이나 자책감에 매우 취약하죠.

그래서 자신을 예민하게 만드는 취약한 감정이 어떤 건지 알고, 그 감정이 언제부터 또 누구로부터, 어떤 상처로부터 시작되었는지 구분하고, 과거의 그 상처가 현재까지 진행되고 있다는 것만 알아도 상처의 원인에 좀 더 객관적으로 다가갈 수 있어요. 그리고 이런 문제를 해결하기 위해서는 절대로 시제를 붙여선 안 되죠.

초등학교 때 저와 가장 친한 친구가 미국으로 유학을 떠났어요. 어린 제게는 청천벽력 같은 소식이었죠. 그런데 눈물 한 방울 안 흘렸어요. 저는 그것이 제 역동의 핵심이 되었다고 생각해요. 이별을 두려워하고 홀로 남겨지고 버림받는 것에 대한 두려움과 상처가 생긴 거죠. 그리고 그것이 종결형이 아닌 현재진행형으로 남아 있다는 걸 알았어요. 그래서 상처받은 일이 있으면 내 감정을 분리해서 객관적으로 들여다봐야 한다는 걸 깨닫게 된 거죠.

객관적으로 내 상처를 이해하고 인정해야 그것을 딛고 다음 단계로 또 미래로 나아갈 수 있는 거예요. 그러면 이별할 때 미리 준비해야 한다거나 또 이별을 겪었을 때 충분히 슬퍼해야 하고, 이별을 슬퍼하는 게 나쁜 게 아니라는 걸 알게 되죠. 그뿐만 아니라 우리가 품어왔던 꿈을 잃어버리는 것에 대해서도 마찬가지로 충분히 애도의 시간을 가져야 해요.

최설민　나의 상처를 그냥 묻어두고 외면한 채 살아가지 말고 그때의 감정을 표면으로 끌어올려 충분히 애도하고 슬퍼해야 다음 단계로 넘어갈 수 있고 그러면서 예민함도 극복할 수 있을 것 같습니다.

놀심의 한 줄로 배우는 심리학

* 자신의 예민함을 걱정하거나 자책하지 마세요. 당신이 예민한 게 아니라 누군가 당신에게 상처를 주었기 때문입니다.
* 나를 예민하게 만드는 취약한 감정이 어떤 건지 살펴보세요. 그 감정이 언제 어떻게 시작되었는지를 알면 상처의 원인에 좀 더 객관적으로 다가갈 수 있습니다.

심리학자가 알려주는
쉽게 상처받지 않는 방법

최광현 | 한세대학교 심리상담대학원 가족상담학과 교수

용기를 내서 내 마음을 오픈한다는 건
상처받을 준비가 되어 있다는 뜻이기도 해요.
그리고 상처받을 준비가 되어 있다는 건
행복할 준비가 되어 있다는 거예요.
거기서 이루어지는 정서적 친밀감과 소통이
우리의 가장 큰 행복이기 때문입니다.

최설민　관계 속에서 부딪치다 보면 자의든 타의든 서로 상처를 주고받으며 살아가게 되는 것 같아요. 그런데 상처를 받으면 내가 못나서 혹은 내가 약해서 그런 거라고 자책하는 사람들이 있어요. 그러면서 상처 입은 자신을 더 힘들게 하는 거죠. 상처를 준 사람은 따로 있는데 왜 나 자신이 밉고 싫어지는 걸까요? 그리고 그런 생각이 들지 않게 하려면 어떻게 해야 할까요?

최광현 우리는 보통 내가 상처를 입으면 상처 준 사람을 미워할 거라고 생각합니다. 하지만 가만히 들여다보면 나에게 상처를 준 사람보다 더 미워하고 용서하지 못하는 사람이 있어요. 바로 찌질하게 상처받은 '나' 자신이 너무 싫은 거예요. 표면적으로는 분노의 감정을 안고 살아가지만 그 이면에는 수치심과 죄책감이 있습니다. 상처에 노출되어 버린 나 자신을 용서할 수 없는 거예요.

누군가의 비난과 공격으로부터 상처받은 걸 첫 번째 화살이라고 한다면, 이것은 '두 번째 화살'이라고 표현합니다. 바로 이 두 번째 화살이 치명타예요. 독일의 심리학자들이 불교 경전에 있는 용어를 응용해 사용한 개념이에요. 우리는 누구나 상처받기를 원하지 않아요. 그래서 상처받으면 왜 상처받았는지 곱씹어보고 원인을 탐색하고 반성하게 되는데, 그 과정에서 '나'가 나오는 겁니다. 내가 자신이 없어서, 내가 그렇게 하지 않았다면… 하며 나 자신을 비난함으로써 내면에 엄청난 수치심과 죄책감을 유발하는 거죠.

최설민 타인에게서 받은 상처인 첫 번째 화살은 의식적으로 알 수 있지만 내가 나를 공격하는 두 번째 화살은 나 스스로 인지하지 못한 채 또 한 번의 상처를 주는 거네요.

최광현　맞아요. 우리는 나에게 상처를 준 첫 번째 화살의 가해자가 누구인지 분명히 알고, 그 사람이 잘못한 것도 알아요. 그런데 내가 나에게 가하는 치명적인 공격인 두 번째 화살은 그것의 실체가 없기 때문에 알아차리지 못하는 거예요. 타인으로부터 상처를 받아 무기력한 거라고 여기지만 더 큰 원인은 두 번째 화살까지 맞았다는 데 있어요. 그래서 첫 번째 화살과 두 번째 화살을 반드시 구분할 필요가 있어요. 이것을 명확히 구분하기만 해도 나의 고통을 내려놓을 수 있습니다.

'첫 번째 화살'과 '두 번째 화살'을 구분하라

최설민　상처받고 몹시 힘든 상황 속에서 상대방이 나에게 쏜 화살과 내가 나에게 쏜 화살을 구분하는 게 쉽진 않을 것 같아요.

최광현　사실 어려운 게 맞아요. 전문가의 도움도 필요하고 심리학 서적 등을 통해 자신을 통찰할 기회가 있어야 합니다. 그리고 나를 공격하고 상처를 준 사람에게 문제가 있는 건 분명하지만 내가 상처받고 힘든 것의 모든 원인이 거기에만 있지는 않다는 걸 알아야 해요. 그것이 두 번째 화살일 수도 있고, 그로 인한 또 다른 상처일 수도 있죠. '자라 보고 놀란 가슴 솥뚜껑 보고 놀란다'는 말처럼 내가 이전에 자라를 보고 놀란 경험이 있으면 자라와 유사하게 생긴 솥뚜껑만 봐도 엄청 놀랄 수 있는 거죠.

인간관계를 맺고 그 속에서 상처받은 과거 경험이 있으면, 지금 상대방에게서 과거의 사람과 비슷한 이미지, 비슷한 성향이 느껴지면 그때의 상처가 덧나서 도망치거나 과잉 대응으로 상대방을 밀어낼 수 있어요. 엄밀하게 따져보면 지금의 상대방이 나에게 큰 실수를 하지 않았을 수도 있어요. 그저 과거 나에게 상처를 준 사람과 닮았다는 것뿐이죠. 나의 상처가 덧나긴 했어도 그 책임이 전적으로 지금의 상대방에게 있는 건 아니라는 말이에요. 우리 내면의 이런 심리를 들여다보면 좀 더 건강한 인간관계를 맺을 수 있습니다.

최설민 과거에 받은 나의 상처를 분명하게 인지하는 것만으로도 나를 향한 화살을 구분할 수 있고 그럼으로써 치유가 가능하다는 말씀인 건가요?

최광현 그렇죠. 과거의 상처를 깨달으면 첫 번째 화살과 두 번째 화살을 구분할 수 있어요. 심리학의 핵심 포인트는 '까르페 디엠carpe diem', 즉 현재 이 순간에 충실하라는 거예요. 그런데 인간관계에서 상처를 경험한 사람들이 가지고 있는 공통점이 과거의 기억에 매여 산다는 거예요. 무기력했던 나를 용서하지 못하고, 또 상처받을까 봐 두려워 주변 사람들을 지나치게 경계하고 방어하게 되죠. 그러면 인간관계가 좁아질 수밖에 없어요.

인간관계에서는 어느 정도의 경계와 방어도 필요하지만, 또 어느 정도는 나를 혹은 내 마음을 오픈해야 하는 부분도 있어요. 그런 가운데 사람들과 진정한 친밀감과 우정과 사랑을 나눌 수 있는데 상처받지 않으려고 고슴도치처럼 웅크리고 있으면 친밀감을 형성할 수 없으니 외로울 수밖에 없고 또 다른 상처에 노출될 가능성이 높습니다.

최설민   내 마음을 오픈한다는 건 내가 중요하게 여기는 사람들에게 나의 힘든 상처에 대해 솔직하게 말할 수 있는 용기가 필요한 거라고 봐도 될까요?

최광현   맞아요. 어느 순간에는 용기가 필요하다는 걸 기억해야 합니다. 용기를 내서 내 마음을 오픈한다는 것은 상처받을 준비가 되어 있다는 뜻이기도 해요. 또 상처받을 준비가 되어 있다는 건 그만큼 내가 행복을 느낄 준비가 되어 있다는 거예요. 거기서 이루어지는 정서적 친밀감과 소통이 우리의 가장 큰 행복이기 때문입니다.

행복하고 싶다면 상처받을 준비부터 하라

최설민 　관계 속에서 어느 정도 내 마음을 오픈하고 친밀하게 사람들과 소통하며 지내더라도 모든 게 내 마음 같지 않다 보니 또다시 상처받는 일이 생길 수도 있지 않을까요?

최광현 　우리는 늘 상처받을 준비를 하고 살아가야 해요. 예를 들어 내가 직장에서나 친구들 사이에서 뭔가를 진지하게 이야기했는데 상대방이 귀 기울이고 맞장구치고 공감해주면 아주 행복하죠. 반대로 상대방이 내 말을 제대로 듣지 않고 대충 반응하면 그 순간 나는 상처받아요. 결국 회복이라는 건 상처받았던 그 지점에서 어떻게 대응하냐는 거예요. 과거의 나는 상대방이 내 말에 무관심하게 반응하면 나를 무시하는구나, 나를 별로 안 좋아하는구나, 내가 뭘 잘못했구나라고 생각하면서 상처받고 불안해했어요.

하지만 이제는 좀 더 객관적으로 상황을 보자는 거예요. 상대방이 소홀하게 반응한 건 나를 무시한 게 아니라 조금 다른 상황이 있었던 건 아닌지 객관화할 필요가 있습니다. 내가 말할 때 그 사람의 주의를 끌 만한 어떤 일이 있었을 수도 있고, 자기만의 생각에 빠져서 내 말을 제대로 듣지 못했을 수도 있고, 또 그 사람만의 특이한 소통방식이 있을 수도 있잖아요. 과거에는 그것을 무시와 상처로 받아들였다면 이제는 좀 더 객관적으로 상황을 보려는 노력이 필요해요.

최설민　그런데 내가 어떻게 하느냐와 상관없이 관계 속에서 유독 상대방에게 상처 주는 언행을 많이 하는 사람들이 있어요. 그렇게 행동하는 건 도대체 어떤 심리인 건가요?

최광현　첫째는 기질적인 요인이에요. 그런 사람들은 특히 타인에게 무신경하고 자기중심적인 성향이 강해요. 둘째는 콤플렉스가 심하다는 점이에요. 정신의학자 알프레트 아들러Alfred Adler는 이것을 열등감으로 설명했는데, 보통 심리학에서는 열등감뿐 아니라 마음의 응어리라고 봅니다. 마음에 응어리가 있는 사람들은 내면 깊은 곳에 불안과 걱정과 두려움이 있어요. 사람들이 나를 어떻게 볼까, 어떻게 평가할까, 만만하게 보지는 않을까 이런 불안감이 싹트는 거죠.

그러다 보니 자신도 모르게 나는 강한 사람이고 실력 있는 사람이라는 것을 공격적인 자세로 표현하는 거죠. 상대방을 강하게 밀어붙이고 상처 주는 말을 하는 그 모든 이면에는 나를 무시하지 말라는 의미가 깔려 있어요. 결국 이 사람이 해결하지 못한 불안과 두려움에 대한 감정의 덩어리가 원인이라고 할 수 있습니다. 자신감 없고 불안한 가운데 자칫 과잉 대응이 일어날 수 있는 거죠. 그러면 당연히 소통에 문제가 생겨 갈등으로 이어질 가능성이 높고, 뜻하지 않은 구설수와 관계의 어려움에 노출될 수밖에 없는 거죠.

최설민　그런 상태로 살아간다면 타인은 물론이고 자신도 힘들지 않을까요? 내면의 열등감을 해소하고 이전과는 다른 삶을 살아갈 수 있게 된다면 여러 면에서 좋을 텐데, 열등감을 해소할 방법이 없을까요?

최광현　이런 사람은 자신에게 열등감과 상처가 있다는 걸 절대 인정하지 않을 수 있어요. 대개는 '나 원래 이런 사람이야', '내가 무슨 문제가 있어' 하는 식이죠. 이러면 사실 해결 방법이 없어요. 하지만 분명한 건 내면 깊은 곳에 불안감이 웅크리고 있다는 사실이에요. 그 불안감으로 인해 사람들의 평가에 지나치게 휘둘리고, 관계 속에서 문제가 드

러나고, 심지어 수면장애 같은 신체 증상이 나타날 가능성
이 높아요.

최설민 관계에서의 갈등이 빈번하고 심지어 신체 증상까지
나타나면 나에게 문제가 있다는 걸 알아차리고 자신을 돌
아볼 필요가 있는 거네요.

최광현 심리학에서는 그것을 '직면'이라고 합니다. 사실 자
기 내면과 직면한다는 것은 인정하고 싶지 않은 아픈 이야
기를 들춰내는 일일 수도 있어요. 그렇더라도 그 과정은 꼭
필요해요. 내가 과거에 관계 안에서 상처받고 그 일로 인해
불안하고 걱정이 많아진 계기가 분명히 있을 거예요. 이것
은 마치 '촛농'과도 같아요. 촛농이 녹아내리면 밑에 있는
이물질들을 덮어버리죠.

과거 상처가 화석화되어 사라진 것처럼 보이지만 여전히
촛농에 갇힌 채 그 안에 있는 거예요. 그 굳은 촛농을 녹이
는 게 내가 해야 할 일이고, 그 일부가 나의 내면을 직면하
고 문제를 알아차리는 거예요. 대인관계에서 야기되는 문제
는 단순히 사람 간의 갈등 문제가 아니에요. 결국 내가 나와 어
떻게 관계를 맺고, 과거 관계 속에서 받은 상처를 어떻게 다뤄

왔는가를 보여주는 아주 중요한 예라고 생각합니다.

최설민　교수님 책에 보면 "행복을 학습할 수 있다"는 말이
있어요. 정말로 행복을 학습할 수 있는 방법이 있나요?

최광현　우리의 행복이 객관적이지 않다는 게 한편으로는 다
행이기도 해요. 내가 이만큼 소유하고 있고 이 정도 되면 행
복할 수 있다가 아니라 행복의 중요한 기준은 지극히 주관
적인 것이니까요. 내가 어떤 시각과 관점으로 나 자신과 주
변을 보느냐에 따라 달라질 수 있습니다. 그래서 나 자신
과 주변을 바라보는 관점과 시각을 바꾸는 작업이 필요합
니다. 세상을 있는 그대로 보는 게 아니라 화가가 그림을 그릴
때 소실점을 찍듯이 세상을 보는 나만의 눈이 필요합니다. 그
관점을 살짝 바꿔주는 작업이 행복으로 가기 위한 아주 중요한
여정입니다.

최설민　오랫동안 익숙해진 나만의 관점을 바꾸는 게 생각처
럼 쉬운 일은 아닐 것 같아요. 나의 관점을 바꿀 수 있는 간
단한 방법이 있을까요?

최광현　제가 가족의 성찰에 대해 강연한 적이 있는데 한 분

이 제게 "제가 아버지를 용서해야 하는 건가요?" 하고 물었어요. 물론 용서가 필요하죠. 용서하면 자기 자신이 편해지니까요. 하지만 용서하기 전에 아버지를 아버지로만 보지 말고 자기의 꿈을 접어야만 했던 한 사람으로 보라고 말해줬어요. 나름대로 성공하려고 애썼지만 실패하고 좌절하고 열등감과 무기력 속에서 세상을 살아가야 했던 한 사람으로 아버지를 볼 수 있다면 관점의 변화가 옵니다. 그리고 선물처럼 나 자신을 용서하게 됩니다. 제대로 사랑받지 못하고 돌봄을 받지도 못한 나 자신을 수용하는 지점을 찾을 수 있게 되는 거죠. 그것이 곧 내가 행복해지는 길입니다.

놀심의 한 줄로 배우는 심리학

* 누군가로부터 상처받고 힘든 순간에 절대 자책하거나 자신을 미워하지 마세요. 수치심과 죄책감이 두 번째 화살이 되어 나 자신에게 치명타를 입히기 때문입니다.
* 어떤 관점으로 나와 주변을 보느냐에 따라 행복의 기준이 달라져요. 관점을 살짝 바꿔주기만 해도 상처받은 나를 수용하고 행복의 여정으로 나아갈 수 있습니다.

멘탈이 강한 사람과
약한 사람을 결정하는 '이것'

윤우현 | 정신건강의학과 의사, 심한의원心療醫院 대표

멘탈이 강한 사람은 스트레스가
없는 게 아니라 스트레스에 잘 대처하는 거예요.
불안과 두려움이 있는데도 불구하고
그것을 마주하는 용기가 있는 거죠.
그 너머에 자기가 중요하게 생각하고,
하고 싶어 하는 게 있기 때문이에요.

최설민 주변에 보면 같은 상황에 놓였을 때 유독 힘들어하
는 사람이 있는가 하면, 흔들림 없이 굳건함을 지키는 사람
도 있잖아요. 그런 사람들을 보면 멘탈이 강하고 매우 안정
적인 사람이라는 생각이 들어서 좋아 보이기도 하고 한편
으로는 부럽기도 해요. 멘탈이 강한 사람과 그렇지 않은 사
람은 어떤 부분이 어떻게 다를까요? 그들만의 각기 두드러
진 특성이나 행동이 있지는 않나요?

문요한 평소에는 알아차리기가 어렵고 스트레스를 겪거나 힘들 때 그 사람의 진면목이 드러나죠. 멘탈이 약한 사람은 스트레스를 받으면 전형적으로 싸우거나 도망치거나 얼어버리는 식의 반응을 보여요. 너무 쉽게 흥분하거나 얼어붙어서 아무런 생각도 못하고, 잠을 자버리거나 폭식을 하는 식으로 그 상황으로부터 도망치는 거죠.

반면 멘탈이 강한 사람은 스트레스 상황에 놓이면 스트레스의 이유를 살펴보고 이 상황에서 내가 원하는 게 뭔지를 찾아내 목표를 세우고, 내가 할 수 있는 것과 할 수 없는 걸 구분해서 할 수 있는 것에 집중해요.

최설민 보통 우리는 멘탈이 강하고 안정적인 사람은 아예 스트레스를 받지 않을 거라고 생각하는데, 그게 아니라 스트레스에 대처하는 방법이 다른 거네요.

문요한 그렇죠. 스트레스가 극심해서 과각성 상태에 빠져도 내가 가지고 있는 능력을 발휘하지 못하지만 사실 스트레스가 너무 없어도 실력 발휘를 잘 못해요. 그래서 적정한 각성과 적정한 스트레스가 서로 균형을 이뤄야 한다고 생각합니다.

불안과 두려움 그 너머를 소망하라

최설민　그러면 강한 멘탈은 선천적으로 타고나는 건가요,
아니면 후천적으로 만들어지는 건가요?

문요한　굉장히 어려운 질문인데요, 심리학에서도 환경이 중
요하냐, 유전이 중요하냐에 대한 논쟁이 지속되고 있긴 해
요. 결론이 나지 않고 계속 논쟁 중이라는 건 어떻게 보면
둘 다 중요하다는 뜻일 수 있죠. 그래도 굳이 따져본다면
49:51 정도로 유전적인 부분이 아주 조금 더 크다고 봅니
다. 예를 들어 멘탈이 강한지, 약한지를 이야기할 때 가장 중요
한 건 불안이나 긴장의 정도예요. 멘탈이 약한 사람은 불안과
긴장이 매우 높아 조절하기 힘들지만, 멘탈이 강한 사람은 불
안과 긴장에 대처하고 활용하는 능력이 높죠.

이런 불안 성향이 환경에 의해 만들어지는지, 유전적인 것
인지에 대한 연구가 많이 이뤄지고 있어요. 실제로 불안 성
향과 관련한 유전자 중에 대표적으로 '우디 앨런 유전자'라
는 게 있어요. 우디 앨런은 미국의 영화감독으로 굉장히 소
심하고 걱정 많은 사람의 이미지를 가지고 있죠. 이 사람은
어릴 때부터 발표 불안, 이성 불안, 광장 공포, 비행 공포 등

온갖 공포증이 다 있었어요. 비행기를 못 타니까 영화를 뉴욕에서만 찍었는데, 60세가 넘어서부터 비행기도 타고 파리에 가서 〈미드나잇 인 파리〉라는 유명한 작품도 찍게 되었죠. 자기 불안을 극복하고 그동안 하고 싶었던 것들을 해나가게 된 거예요.

어릴 때부터 불안 성향이 높은 사람은 부정적 감수성을 가지고 있다고 이야기해요. 낯선 사람을 보면 엄마 뒤로 숨고, 앞에 나와 발표하라고 하면 심장이 터질 것 같고, 이성 앞에 서면 땀이 줄줄 나서 말 한마디 못 하고, 누가 나한테 안 좋은 소리를 하면 계속해서 그 생각을 곱씹는 거죠. 이런 사람들은 양육 환경의 문제라기보다 불안 성향의 유전자를 가지고 태어났다고 봐야겠죠. 인구의 25퍼센트 정도가 이런 불안 성향이 과도하고, 또 25퍼센트는 불안 성향이 너무 적은 사람들이에요.

불안 성향이 없으면 좋은 거 아니냐고 할 수 있지만 그렇지 않아요. 불안 성향이 없으면 위험으로부터 자기 자신을 보호하지 못해요. 그래서 중독자 중에는 불안 성향이 아주 높거나 너무 없는 사람이 많아요. 불안 성향이 높으면 힘이 드니까 약물에 의지하게 되고, 불안 성향이 없으면 어릴 때부터 하지 말라는 걸 더 즐겨하다 보니 멀티 중독자가 되죠. 그렇다고 해서 모든 걸 유전자가 결정하는 건 아니에요. 그와 관련한 대표적인 심리학 실험이 '교차양육'이에요.

예를 들어 학대당한 원숭이가 새끼를 낳아 키우면 그 새끼를 학대할 확률이 높지만, 그 새끼를 학대당하지 않은 원숭이 밑에서 자라게 하면 건강하게 잘 클 확률이 높아요. 반대로 학대당하지 않은 어미 원숭이가 난 새끼 원숭이를 학대당한 경험이 있는 원숭이 밑에서 자라게 하면 그 원숭이는 자기의 새끼를 학대할 확률이 높아요. 유전적 성향이 다듬어지기도 하고 환경에 따라 더 심각해지기도 하는 거죠.

최설민   영화감독 우디 앨런이 60세가 넘어서 여러 가지 불안을 극복해 비행기를 타기도 했다고 말씀하셨는데, 어떻게 그럴 수 있었던 거죠?

문요한   우디 앨런은 자기가 하고 싶은 게 있었어요. 코미디언도 하고 싶었고 영화 시나리오도 쓰고 싶었고 배우도 영화감독도 하고 싶었어요. 많은 사람들이 '불안'을 느끼지 않는 걸 용기라고 생각하는데 그건 '용맹'이에요. 용기는 불안과 두려움이 있는데도 불구하고 그것을 마주하는 거예요.

그 너머에 자기가 중요하게 생각하고, 하고 싶어 하는 게 있기 때문이에요. 불안한 사람에게 불안해하지 말라고 말해주는 건 아무 도움이 되지 않아요. 불안을 극복할 수 있는 가장 중요한 방법은 불안과 두려움 너머에 있는 나의 소망을 찾는 거예요. 우디 앨런은 그런 소망이 있었던 거죠.

최설민 그러면 멘탈이 취약한 사람이 지금 당장 하고 싶은 것도 없고, 소망하는 것도 없는 상황이라면 그런 사람들은 무엇을 어떻게 해야 하나요?

문요한 소망은 내가 정말 원하는 것일 수도 있지만 반대로 내가 지금 겪고 있는 문제도 삶의 의미 있는 목표가 될 수 있어요. 저 같은 경우 저의 문제가 제 삶의 방향이 되었거든요. 저뿐만 아니라 상담 분야에서 일하는 분 중에 삶이나 멘탈이 힘들었던 사람들이 많아요. '나는 왜 이렇게 멘탈이 약할까?', '내 인생은 왜 이렇게 힘들까?' 이런 고민이 '어떻게 하면 이런 문제를 해결할 수 있을까'라는 관심사로 이어지고, 심리학이나 정신학에 관심을 가지면서 그와 관련한 직업을 선택할 수 있었던 거죠. 지금 당장 원하는 게 없더라도 자기 자신의 문제를 좀 더 깊이 파고들어 가보세요. 자신의 소망이나 삶을 구원할 방법을 찾을 수 있을 것입니다.

최설민 문제를 문제로 보는 게 아니라 내가 성장할 수 있는 발판으로 삼는다는 말씀이 굉장히 와닿습니다. 그러면 내가 지금 굉장히 힘들어서 멘탈이 안정적이지 않은 상태라면 어떻게 다시 멘탈을 단단하게 부여잡을 수 있을까요?

문요한 심리학에 '자기조절의 창' 혹은 '인내의 창'이라는 개념이 있어요. 어떤 영역 안에서는 자기조절이 잘되고 이성적이고 합리적으로 대처하며 내가 할 수 있는 것들을 하는데, 자기조절의 창에서 벗어나면 달라지는 거예요. 위로는 과각성이 일어나 지나치게 흥분하거나 불안해하며 문제 해결에 도움이 되지 않는 충동적인 상태가 되고, 아래로는 저각성 상태가 되어 얼어버리거나 마비되거나 멍해져서 내가할 수 있는 것조차 못하는 무기력한 상태가 되는 거죠.

예를 들어 운전 중에 접촉 사고가 났어요. 이때 침착하게 사고를 처리하는 사람이 있는가 하면, 자기 잘못인데도 다짜고짜 상대방에게 욕을 하며 싸우는 사람이 있고, 또 멘탈이 붕괴되어 어쩔 줄 모르다가 나중에야 가족에게 전화해서 어떻게 해야 하는지 묻는 사람도 있어요. 멘탈이 강하다는 것은 곧 자기조절의 창이 넓다는 의미예요. 정신과를 찾는 분들은 자기조절의 창이 굉장히 좁아요. 그래서 이 자기조절의 창을 넓혀주는 게 상담자나 의사의 역할인 거죠.

지나친 과각성 상태나 저각성 상태에 빠지면 마음 챙김이나 자기 친절을 할 수 있는 심리적 여유 공간이 없어요. 이때는 우선 빠르게 자기를 안정시켜야 돼요. 우리는 자기조절 능력을 마음가짐이라고 생각하는데, 사실은 자기조절 신경계가 얼마나 건강하느냐에 달려 있어요.

우리 몸에는 이를 담당하는 교감신경과 부교감신경이 있어요. 자기조절이 잘되는 사람은 이완 기능의 부교감신경이 활성화되어 있어요. 부교감신경은 다른 말로 미주신경이라고도 하는데, 특히 앞쪽 미주신경이 이완 기능을 담당해요. 자기를 진정시키고 사람들과 잘 어울릴 수 있게 만들어주죠. 그래서 멘탈이 붕괴되거나 당황했을 때 가장 먼저 필요한 건 이 미주신경을 활성화하는 거예요.

누구보다 나 자신에게 친절하라

최설민 자기조절을 잘하려면 이 미주신경이 활성화되어 있어야 하는 거네요. 그러면 멘탈이 흔들리거나 당황했을 때

빠르게 나를 안정시킬 수 있도록 미주신경을 활성화할 방법이 있나요?

문요한 첫 번째 방법은 호흡을 천천히 하는 거예요. 특히 숨을 내쉬는 걸 평소보다 조금 더 길게 하면 미주신경이 활성화되어 곧 침착해질 수 있어요. 두 번째 방법은 얼굴과 목, 상체 위쪽으로 분포해 있는 미주신경 부위를 마사지해 주는 거예요. 제 경우는 '괜찮아, 침착해, 하나씩!' 이렇게 말하면서 1~2분 정도 가슴 토닥임을 해주는데, 이는 스스로를 진정시키는 데 아주 효과적이에요.

최설민 당황하거나 흥분했을 때 숨을 길게 내쉬고 미주신경을 자극하는 마사지를 하면 빠르게 진정되면서 심리적 안정감을 찾을 수 있는 거네요. 그러면 멘탈이 쉽게 붕괴하지 않고 좀 더 단단하고 안정적일 수 있도록 평소에 할 수 있는 훈련법 같은 게 있을까요?

문요한 현대인들이 힘든 이유 중 하나가 생각이 너무 많기 때문이에요. 그런데 생각에서 벗어나려고 하면 또 그 방법을 생각해야 하니까 도저히 생각을 안 할 수가 없죠. 생각을 안 하는 가장 좋은 방법은 감각을 깨우는 거예요. 감각의 뇌가 살아나면 생각의 뇌가 약해져요. 그런 감각을 깨워주기 위해서 저는 '치유 걷기'나 '몸 챙김' 프로그램을 진행하고 있어요. 그중에서 매일 실천하는 기본적인 활동이 자기 친절의 자기 대화예요.

우리가 힘들 때 자기 자신에게 친절하면 참 좋은데 그게 어렵죠. 평소에 자기 친절의 자기 대화를 연습하면 힘들 때 열에 한두 번은 자동으로 하게 돼요. 이때 주의할 게 다그치듯 하면 안 되고 소망형으로 하는 거예요. 예를 들면 '나를 잘 돌봐야 해'가 아니라 '내가 나에게 친절할 수 있기를', '내가 나를 잘 돌볼 수 있기를', '나의 실수나 부족함 앞에서도 괜찮다고 이야기할 수 있기를'이라고 말해주는 거죠.

한 10년 정도 자기 친절의 자기 대화를 하고 있는데 제가 저에게 가장 많이 하는 말은 '내가 힘들 때조차 나에게 친절할 수 있기를'이에요. 말만 하는 게 아니라 가슴 토닥임도 함께하는 거죠. 인간은 사회적 동물이기 때문에 누군가 안아주고 손잡아주고 토닥여주며 옆에 있는 것만으로도 진정이 되고 안정을 찾을 수 있어요. '나비 포옹'이라고 해서 팔짱을 끼듯 자기의 양팔을 안고 쓰다듬어주는 것도 좋아요. 평소 내가 나에게 친절하게 하면 그것만큼 큰 힘이 없어요.

우리를 정말 힘들게 하는 건 당면한 고통보다 그 고통 속에서 내가 나를 비난하고 함부로 대하기 때문이에요. 정신과를 찾는 분들의 공통점은 고통이 커서가 아니라 그 고통 속에 혼자 있다고 느끼기 때문이고, 심지어 고통을 겪고 있는 나를 위로하고 친절하게 대하기는커녕 비난하고 혐오하기 때문이에요. 제가 운영하고 있는 1년제 심리 훈련 모임인 '자기 돌봄 클럽'에서 최근 가장 선호하는 말은 '내가 너무 애쓰지 않기를'이에요. 자신을 너무 닦달하고 착취한다는 생각이 들기 때문이겠죠. 평소 자기 친절의 자기 대화를 하나씩 만들어서 잠들기 전, 아침에 눈 떴을 때, 길을 걷다가 한 번씩 해줘 버릇하면 정말 힘들 때 나도 모르게 이 말이 나와요.

최설민　얼마 전 직장에서의 따돌림으로 극단적인 선택을 한 사람의 기사를 본 적이 있어요. 어쩌면 그분도 그 상황 속에서 자기 자신을 비난하진 않았을까 하는 생각이 들었어요. '이런 일을 당하는 건 내가 약해서 그런 거야' 하면서 다른 방법을 찾지 못했던 거죠. 그때 자기 자신에게 '괜찮아. 네가 이 상황에서 벗어날 수 있기를'이라는 말을 해줄 수 있었다면 좀 더 나은 방법을 찾을 수도 있지 않았을까 싶어요. 그런데 안 좋은 가정 환경에서 성장하면서 멘탈이 약해진 사람도 지금 말씀해 주신 방법으로 극복이 가능한가요?

문요한   상처받고 불안정 애착이 형성되었다고 해서 그 상처를 반드시 대물림하는 건 아니에요. 성인을 상대로 애착유형 검사를 해보면 안정 애착이 55퍼센트 정도, 불안정 애착이 45퍼센트 정도예요. 그런데 안정 애착유형의 사람들이 어릴 때부터 성인기까지 꾸준히 안정 애착이었던 건 아니라는 거예요. 이 말은 곧 어릴 때는 불안정 애착이었는데 어떤 계기로 인해 안정 애착으로 바뀌는 사람이 있다는 거죠. 이것을 '획득한 안정 애착'이라고 하며 25퍼센트 정도가 여기에 해당한다고 봐요.

이들은 어떻게 해서 이렇게 바뀌게 되었을까요? 크게 두 가지 이유를 꼽아요. 첫 번째는 나를 따뜻하게 대해주는 사람을 만남으로써 안정 애착으로 바뀌는 경우예요. 대표적인 예가 학교 선생님, 선후배, 친구, 연인, 배우자 등이에요. 어릴 때는 세상 사람을 믿지 못하는 인식을 가지고 있다가 나를 인간적이고 따뜻하게 대해주는 누군가를 만나면서 치유가 일어나는 거죠. 사람은 사람으로 인해 상처받기도 하지만 사람을 통해서 그 상처가 아물기도 해요. 두 번째는 '내'가 '나'와 내면의 친구가 되는 경우예요. 지금껏 내가 나를 함부로 대했던 자기 불화의 관계에서 벗어나 나 자신과 친구가 되어주는 거죠.

최설민 나 자신과 친구가 되어준다는 게 머리로는 이해할 수 있지만 실제로 어떻게 해야 할지 막연한 것 같아요. 구체적인 방법을 알려주신다면요?

문요한 가장 좋은 방법은 글쓰기와 독서예요. 실제로도 책을 통해 변화했다고 말하는 분들이 많잖아요. 그리고 글쓰기를 통해 자기를 객관화하고 성찰하는 과정을 거치면서 자기의 상처를 들여다보고 치유하게 되는 거죠. 또 하나는 앞에서 말한 것처럼 자기 친절 훈련이에요. 자기 불화에서 자기 친절의 단계로 넘어가면서 점차 나 자신과 친구가 되어가는 거죠.

놀심의 한 줄로 배우는 심리학

* 멘탈이 흔들리면 일단 호흡을 천천히 해보세요. 특히 숨을 내쉬기를 평소보다 조금 더 길게 하면 미주신경이 활성화되어 곧 침착해질 수 있어요.
* 나 자신에게 '너무 애쓰지 않기를', '나의 실수나 부족함 앞에서도 괜찮다고 이야기할 수 있기를'이라고 말해주며 나를 토닥여주세요. 내가 나에게 친절한 것만큼 큰 힘이 없습니다.

CHAPTER 6

넘어지는 건 부끄러운 일이 아니다

실패를 끝이라고 받아들이지 않는 사람이

결국 성공을 쟁취하는 진짜 강한 사람이에요.

넘어졌다면 일어나면 그만이에요.

사는 동안 우리에게는 수많은 기회가 주어져요.

나와 주변을 다독이고 계획을 수정하며

주체적으로 삶을 결정하는 능력을 키우세요.

중요한 건 실패해도
꺾이지 않는 마음

성두일 | 울산과학기술원 바이오메디컬공학과,
의과학대학원 부교수

인생은 실패와 성공의 반복이며,
그 순환 속에서 내 가치를 지키고
목표를 이루기 위해 계속
나아갈 수 있는 힘을 갖는 것,
그것이 강한 멘탈을 가진 사람의
모습이라고 생각합니다.

최설민   우리는 보통 멘탈이 강하면 의지도 굉장히 강한 사람일 거라고 생각하는 경향이 있어요. 반대로 멘탈이 약하면 굉장히 소심하고 유약할 거라고 생각하는 거죠. 그래서인지 멘탈이 강한 것처럼 보이려고 의도적으로 센 척하거나 의연하고 담대한 척하는 사람도 있어요. 실제로도 멘탈이 강한지, 약한지에 따라 성향이 달라질 수도 있고 특정한 이미지로 보일 수도 있는 건가요?

정두영 실제로 우리는 남들 앞에서 주저하지 않고 강하게 자기주장을 하는 사람을 보면 멘탈이 강하다고 말하는 경우가 많아요. 그렇다고 해서 그런 사람과 실패를 딛고 성장하는 굳건한 사람이 항상 일치하는 건 아니에요. 전자의 경우는 그냥 외향성이 강한 사람이라고 볼 수도 있죠.

상대방이 상처받을 수 있는 이야기를 아무렇지 않게 하지만 정작 조그마한 실패에도 쉽게 무너지는 사람들은 얼마든지 있으니까요. 이렇게 남한테는 강하고 자기한테는 약한 사람이 있는가 하면, 반면에 약하고 소심해 보이지만 자기의 꿈을 이루기 위해 실패를 겪더라도 스스로를 다독이며 계속 노력하는 사람이 있어요. 멘탈이 강한 것처럼 보이는 것과 실제로 강한 것을 구분할 수 있어야 해요.

최설민 겉으로 강한 척하지만 자기 자신에게는 약한 사람과 달리 겉으로는 내향적으로 보이지만 진정으로 멘탈이 강한 사람들은 어떤 특징이 있나요?

정두영 멘탈이 강한 사람은 내향적인지, 외향적인지에 상관없이 실패를 끝이라고 생각하지 않아요. 진짜 강한 사람은 있는 그대로를 받아들이고 자신을 다독이며 주변 사람들과 이야기를 나누고 성공할 때까지 반복해서 시도할 수 있는 사람이 죠. 살면서 우리에게 주어지는 기회가 단 한 번뿐인 건 아니에 요. 1년에 한 번씩만 시도한다고 해도 우리에게는 아주 많은 기 회가 있어요. 그러니까 한 번의 실패로 '나는 이제 실패자이 고 사람들은 나를 인정하지 않을 거야'라고 생각할 필요가 없어요.

물론 실패 이후에 '열심히 했는데 결과가 안 좋아서 속상하 다'는 느낌이 드는 것 자체가 문제는 아니에요. 중요한 것 은 어떻게 나를 다독이고 주변의 도움을 받으면서 재정비하고 다시 도전하느냐 하는 거죠. 그리고 객관적으로 지금의 상황을 판단하고 그에 맞도록 목표를 수정할 힘도 필요해요. 주체적으 로 자신의 삶을 결정할 수 있어야 하는 거죠. 그렇게 해서 다 시 도전하고 어떤 결과를 만들어내면 내 삶을 인정할 수 있 고 주변에서도 잘 해냈다고 말해주겠죠.

비난과 좌절에도 꺾이지 않는 마음

최설민 그런데 한 번의 성공을 이뤘다 해도 삶을 지속하다 보면 또 다른 실패에 맞닥뜨릴 수 있잖아요. 성공을 경험한 뒤에 맞이하는 실패는 더 큰 좌절감을 안겨줄 것 같아요.

정두영 우리가 매 순간 박수만 받고 살 수는 없잖아요. 결과가 안 좋아서 비난받을 수도 있지만 내가 잘되고 있을 때도 시기와 질투로 비난하는 경우가 생기기 마련이죠. 이때 조언과 비난을 구분할 수 있어야 해요. 결국 멘탈이 강하다는 건 자기의 심리를 잘 파악하고 있다는 거예요. 똑같은 상황이더라도 어떤 방향으로 활용하느냐에 따라 인생의 흐름이 달라질 수 있어요. 똑같은 실패 혹은 똑같은 격려를 경험하더라도 멘탈이 강한 사람은 이를 자신을 성장시키는 방향으로 활용해요. 하지만 멘탈이 약한 사람은 타인의 조언이나 비난을 나 자신을 주저앉게 하는 부정적인 방향으로 받아들여요.

최설민 그렇게 부정적인 방향으로 받아들이면 아예 다른 시도를 안 하게 될 것 같은데, 그러면 악순환이 반복되는 삶을 살아갈 수밖에 없지 않을까요?

정두영 그래서 심리, 정신 영역에서는 순환을 아주 중요하게 여겨요. 하나의 문제로 끝나는 게 아니라 다른 영역과 이어져 순환하기 때문이에요. 첫 번째 시도에서 실패하고 다음 도전을 할 때 '이번에도 성공하지 못하면 끝이야'라고 생각한다면 성공 확률은 떨어질 수밖에 없어요. 뭔가를 새롭게 시도할 때 그것이 앞의 시도와는 별개라고 생각할 수 있는데 절대 그렇지 않아요. 계속 이어지며 서로 영향을 주죠. 작은 실패로 무너져버리면 그것이 그다음 시도에 영향을 주고, 그게 반복되면 나는 아무것도 할 수 없는 사람이라고 자신을 평가하게 되는 거예요.

최설민　그러면 내가 멘탈이 강한 사람인지, 약한 사람인지 알 수 있는 방법이 있을까요?

정두영　가령 안전지대에서 벗어나 내가 평소에 하지 않던 새로운 걸 해보는 거예요. 그러면 마음이 막 편안하지는 않을 거예요. 한 예로 배낭여행을 한 번도 안 해본 사람이 배낭여행을 떠난다면 설레기도 하면서 동시에 불안감도 생기겠죠. 그렇더라도 내가 정말 해보고 싶은 일이라면 작은 시도를 통해 그 방향으로 나아가는 거예요. 좀 더 높은 단계, 그보다 더 높은 단계를 시도하면서 내가 어디까지 할 수 있는지 가늠해 보는 거죠.

내가 이루고 싶은 목표나 가치가 있고 그와 관련해 현재 내가 할 수 있는 것들을 설정하고 단계별로 그것들을 실행해

나갈 수 있다면 내가 멘탈이 강한지, 약한지를 알 수 있을 것 같아요. 인생은 실패와 성공의 반복이고 그 순환 속에서 계속할 수 있는 힘을 갖는 것, 그것이 강한 멘탈을 가진 사람의 모습이라고 생각합니다.

틀에서 벗어나 새로운 것을 경험할 용기

최설민　주변에 보면 정말로 내가 뭘 원하는지 모르는 사람도 많고, 알더라도 그건 어차피 할 수 없다고 체념한 채 살아가는 사람들이 많아요. 멘탈을 강화하려면 내가 원하는 게 뭔지 찾고 작은 것부터 시도할 수 있는 용기가 필요할 것 같습니다. 내가 멘탈이 약하다고 느껴진다면 멘탈을 좀 더 강화하기 위해 어떤 노력이 필요할까요?

정두영　사람은 생각하고 느끼고 행동하는데 이 세 가지가 균형을 이뤄야 할 것 같아요. 생각하고 감정을 들여다보지만 행동하지 않는 사람도 있고, 반대로 행동은 쉽게 하는데 자기의 마음을 들여다보고 전략을 짜는 게 안 되는 사람도 있어요. 젊은 세대 중에 특히 행동 부분이 안 되는 친구들이 좀 있는 것 같아요.

첫 번째 시도에서 실패하고 다음 도전을 할 때 '이번에도 성공하지 못하면 끝이야'라며 과도하게 긴장한다면 성공 확률은 떨어질 수밖에 없어요. 뭔가를 새롭게 시도할 때 좋든 나쁘든 이전 사건에 영향을 받아요. 작은 성공이 자신감을 키워 도움이 되기도 하고, 자만하게 되어 망칠 수도 있죠. 작은 실패로 멘탈이 무너지면 그게 그다음 시도에 영향을 주고, 그게 반복되면 스스로 나는 아무것도 할 수 없는 사람이라고 평가하게 될 거예요.

최설민 엄청난 실패의 좌절감에서 헤어 나오지 못하는 사람이나 실패의 악순환에 빠져 잘할 수 있다는 확신을 잃은 사람들이 그 악순환의 늪에서 벗어나려면 무엇을 해야 할지 알아야 할 것 같아요.

정두영 실패의 악순환에서 벗어나려면 먼저 다양한 것들을 시도해 보는 경험이 필요하죠. 인생이 하나의 성과만으로 이루어지는 건 아니니까요. 내 경력에 크게 도움이 되진 않더라도 자기가 좋아하는 취미 활동을 하고, 또 그런 것을 함께 공유할 수 있는 사람들과 어울리며 그 과정 자체를 경험해 보면 내가 목표한 바를 계획하고 실행에 옮길 때 크게 도움이 될 수 있습니다.

최설민   제가 수능 시험에 실패하고 자전거 여행을 시작한 적이 있는데, 자전거를 타고 처음으로 익숙한 환경에서 벗어난다는 것만으로도 저한테는 굉장한 울림이었어요. 그러다가 나중에는 자전거로 전국 일주까지 하게 되었는데, 그 경험이 제 인생에서 큰 변화를 맞이하는 시작점이었던 것 같아요.

정두영   틀을 깨는 완전히 새로운 경험이었을 거예요. 일상적으로 늘 하던 걸 하는 건 편하지만 거기에서 벗어나는 뭔가를 할 땐 당연히 불편하죠. 낯선 여행지를 가거나 모르는 사람들과 함께하는 게 충분히 불편할 수 있어요. 마찬가지로 목표를 세우고 그것을 실행해 나갈 때 반대하는 사람도 있고 호의적이지 않은 상황이 생길 수도 있어요. 그때 안전한 환경에서 벗어났던 이전의 경험들이 있다면 그것을 헤쳐 나가는 게 훨씬 쉽겠죠.

최설민   크고 작은 다양한 시도를 통해 자기에 대한 확신이 생기고, 이런 것들이 목표를 이루기 위한 나의 도전과 연결되어 좋은 결과를 만드는 거라는 생각이 듭니다.

정두영   아직 젊은 세대들은 성공의 경험, 뭔가를 해결해 본 경험이 적을 수밖에 없죠. 그때 스스로에게 '다시 한번 해 보자', '너는 실패자가 아니야'라고 자신을 위로할 수 있어야 멘탈이 강한 사람이 되는 거예요. 실패한 적이 없고 항상 자신감 넘치는 게 강한 게 아니라, 조금 타격을 입고 상처를 입더라도 자신을 보듬으며 발전해 나갈 수 있는 사람이 진정으로 강한 사람이라고 생각해요.

놀심의 한 줄로 배우는 심리학

* 한 번의 실패로 자책하고 좌절하며 모든 걸 내려놓지 마세요. 인생은 길고 우리에게는 아직 많은 기회가 있습니다.
* 틀을 깨는 작고 새로운 경험을 많이 시도해 보세요. 그 경험들이 목표를 이뤄 가는 과정에서 맞닥뜨리는 장애물을 헤쳐 나가는 데 아주 큰 도움이 됩니다.

행복한 인간관계를 위해
뇌를 건강하게 하는 단순한 비결

권준수 | 한양대학교 정신건강의학과 석좌교수

다른 사람의 이야기에 귀 기울이지 않고
자기 말만 하는 사람들은
대인관계가 힘들 수밖에 없어요.
'꼰대'의 대표적인 특징이 자기 말만 하고
다른 사람의 이야기를 무시하는 거잖아요.
그러니 관계에 갈등이 생길 수밖에 없어요.

최설민 일상에서 겪게 되는 가장 큰 문제 중 하나가 인간관계이지 않을까 하는 생각이 들어요. 실제로도 주변에 보면 인간관계에서 생겨나는 갈등으로 인해 상처받거나 극심한 스트레스를 호소하는 사람들이 있기도 하고요. 심리학적으로 이런 문제를 예방하거나 해결할 방법이 있어서 많은 사람들에게 도움을 줄 수 있다면 좋을 텐데, 그런 방법이 있을까요?

권준수 다른 문제는 해결할 방법이 많은데 인간관계에서 빚어지는 갈등은 사실 해결하기 어려운 부분이 많아요. 나의 성격적 측면과 상대방의 성격적 측면이 부딪치는 일이기 때문이에요.

인간관계에서 오는 스트레스를 해소하기 위해 알아두면 좋은 몇 가지 방법이 있기는 합니다. 일단은 내 생각처럼 되지 않는 어쩔 수 없는 상황이 있다는 걸 인정하는 겁니다. 많은 사람들이 관계에서 불편함을 느끼고 힘들면 어떤 식으로든 그것을 바꾸려 하고 상대방한테 책임을 전가하려고 합니다.

그러나 경중의 차이가 있을 뿐 한쪽이 모든 책임을 져야 하는 건 아니라는 걸 인정할 필요가 있습니다. 세상일이 그렇듯이 관계에서 생기는 문제들은 더더욱 그렇죠. 인간관계에서 생기는 스트레스를 관리하려면 우선 왜 그 관계에 문제가 있는지 들여다봐야 합니다. 그러려면 정보를 획득해야 하는데 그 정보가 많을수록 해결 가능성이 높죠. 상대방의 어떤 행동이 문제인지, 또 내가 어떻게 행동했을 때 상대방이 공격성을 띠는지, 그럴 때 나의 성격적인 측면은 어떻게 반응하는지 등을 꼼꼼하게 되짚어보는 거죠.

갈등과 스트레스를 극복하는 객관적 시각

최설민 정보를 획득한다는 게 객관적으로 상대방과 나를 되짚어본다는 의미가 아닐까 싶습니다. 인간관계를 바라볼 때 보통 주관적으로 이해하는 경우가 많은데, 객관적으로 상황을 살펴볼 방법이 있을까요?

권준수 우선 자기 자신을 객관적으로 볼 수 있는 힘이 있어야 하죠. 대부분은 자기 중심적으로 상대방을 보거나 상황을 판단하는데, 객관적으로 보려면 제삼자의 입장으로 자기 자신과 상대방을 보고, 또 두 사람의 관계도 이해하려는 노력이 필요하죠. 상대방 핑계를 대고 갈등의 원인을 그 사람에게서 찾아내려고 하면 갈등이 더 증폭되죠. 그보다는 어떤 측면 때문에 내가 상대방과의 관계에서 힘든 건지에 초점을 두고 한번 살펴보는 거예요.

최설민 상대방은 내가 어찌할 수 없는 존재라는 걸 인정하고, 의도적으로 한 발 거리를 두고 두 사람의 관계를 객관적으로 살피는 노력이 필요하다는 말씀인 거네요.

권준수 궁극적으로는 그런 마음가짐과 노력이 필요하죠. 스트레스를 해소하기 위한 방법으로 우선 감정과 반대되는 행동을 해보는 겁니다. 예를 들어 스트레스가 심해서 우울하다면 운동을 하거나 음악을 듣거나 유쾌한 영화를 보거나 등 내 기분이 좋아지는 걸 해보는 거죠. 대부분의 인간관계에서 반복적으로 갈등이 생기는 대표적인 경우는 자기주장만 하는 사람들이에요. 대화 중에 상대방이 내 이야기를 잘 들어주고 공감해 주면 마음이 편해지지만 내 이야기에는 관심도 없고 자기 이야기만 하면 당연히 불편하고 힘들어지죠.

인간관계에서 이렇게 다른 사람의 이야기에 귀 기울이지 않고 자기 이야기만 하는 사람들은 대인관계가 힘들 수밖에 없어요. 요즘 우리 사회에서 많이 사용하는 '꼰대 문화'라는 말이 있는데, 그 꼰대의 대표적인 특징이 자기 이야기만 하고 젊은 사람들의 이야기를 안 들어주거나 자기 생각과 의견이 무조건 옳다고 주장하며 상대방을 무시하는 거잖아요. 그러다 보니 관계에 갈등이 생길 수밖에 없어요.

최설민 그런 식으로 자기주장만 내세우는 게 상대방을 위해서 그런 거라고 생각하는 그 의식 자체가 더 큰 문제가 아닐까 싶어요.

권준수 사실 상대방으로서는 전혀 도움이 안 되는 불필요한 이야기들이죠. 객관적으로 상황을 보지 않고 자기중심적인 생각에서 나오는 이야기니까요. 병원에서 한 달에 한두 번 병동 회식을 하는데, 저녁을 먹고 나면 저한테 "교수님, 2차 가셔야죠!" 하거든요. 당연히 나를 좋아해서 2차를 같이 가자고 하는 거라고 생각하고 따라가죠.

그런데 회식이 끝나고 집에 들어가면 아내가 왜 2차까지 갔냐고 막 뭐라고 해요. 2차는 안 가는 게 맞고 설령 가게 되더라도 계산만 해주고 얼른 나와야 한다는 거예요. 사람들이 나를 좋아해서 같이 가자고 했고 그래서 내가 따라간 거라고 하면, 아내가 그냥 해보는 이야기를 그렇게 받아들이면 어떡하냐는 거예요.

그러면서 "당신이 전공의 할 때 교수가 2차까지 같이 가면 좋았었느냐"고 물어요. 떠올려보니 좋진 않았더라고요. 그러면서 아내가 설령 같이 갈 수밖에 없는 상황일 때는 젊은 사람들이 싫어하니까 아무 말 말고 조용히 있다가 오라는 거예요. 제가 그때 깨달은 게 많아요. 30년 넘게 정신과 의사로 살아왔는데 그런 저보다 아내가 더 지혜로웠던 거죠. 그만큼 사람은 객관적으로 상황을 살피는 게 어려워요.

혼자여도 함께여도 행복할 수 있는 힘

최설민 그렇다면 관계에 얽매여 갈등하지 않고 나 혼자서도 행복할 수 있는 뇌를 만들기 위해 우리가 할 수 있는 일은 무엇일까요?

권준수 모든 감정은 뇌로부터 전달돼요. 행복을 느끼는 것 역시 뇌가 그런 감정을 전달하기 때문이죠. 그러니까 행복하기 위해서는 당연히 우리의 뇌가 건강해야 합니다. 뇌를 건강하게 하기 위한 첫 번째 방법은 규칙적으로 생활하는 겁니다. 뇌와 규칙적인 생활이 무슨 상관이냐고 하겠지만 아주 연관이 깊어요. 우리의 신체는 하루 중에도 호르몬과 신체 리듬에 변화가 있어요. 예를 들어 수면 중일 때 나와야 하는 호르몬이 있기 때문에 밤에는 자야 하는데, 밤새 안 자고 게임을 하다가 낮에 자면 신체(뇌)가 스트레스를 견디는 힘이 약해집니다. 밤에 잠을 자는 동안 뇌와 신체 활동이 원활하게 이루어져야 하는데 그렇지 못하기 때문이에요.

두 번째 방법은 낮 동안에 신체 활동을 하는 거예요. 활동하고 운동을 하면 뇌 호르몬이 나오고 뇌피질이 두꺼워져서 스트레스를 이길 수 있는 힘이 생겨요. 뇌가 건강하면 회복탄력성도 높아집니다. 회복탄력성은 용수철처럼 쭉 잡아당겼다가 놓으면 바로 원래의 형태로 돌아가는 걸 말해요. 회복탄력성이 높으면 스트레스에 노출되어도 쉽게 해소되지만 회복탄력성이 낮으면 거기에 계속 끌려가게 되죠.

세 번째 방법은 건강한 생활 습관을 기르는 거예요. 예를 들면 적절한 양의 건강한 음식을 규칙적으로 섭취하고 자고 일어나는 시간을 일정하게 유지하는 거죠. 특히 비만은 스트레스에 굉장히 취약해요. 긍정적인 생각도 뇌를 건강하게 합니다. 뇌와 정신은 동전의 양면과 같아서 서로 긴밀히 연결되어 있어요. 종교적 의미를 떠나 템플스테이 같은 걸 해보는 것도 도움이 됩니다.

실제로 저희가 진행한 연구 결과를 보면, 3박 4일간 템플스테이를 하면서 좋은 공기를 마시고 아침 일찍 일어나 108배를 하고 명상을 하고 자연식을 하고 좋은 이야기를 듣고 자기성찰의 시간을 갖는 규칙적인 생활을 하자 실제로 뇌에 변화가 생기고 회복탄력성이 증가했어요. 그리고 더 놀라운 건 이런 변화가 3개월 후에도 유지되었다는 거예요. 거기에는 여러 가지 이유가 있겠으나 그중 큰 이유는 3박 4일의 템플스테이를 통해서 자기 자신을 돌아보고 규칙적이고 건강하게 생활하는 습관을 이후로도 꾸준히 유지했기 때문이라고 생각합니다.

최설민　나의 뇌를 건강하게 하기 위해서는 타인의 도움 없이 혼자서도 가능한 일이네요. 말씀하신 생활 습관들이 모두 혼자 할 수 있는 것들이라 얼마든지 바로 실천해 볼 수 있을 것 같습니다.

권준수　혼자서도 그런 노력을 해야 하고, 타인과 관계를 잘 맺는 것도 병행해야 하는 거죠. 인간에게는 타인과의 관계에서 오는 즐거움과 행복이 굉장히 중요하거든요. 서은국 교수의 『행복의 기원』에 보면 진화론적으로 행복의 조건은 두 가지입니다. 첫 번째는 먹는 것, 두 번째는 좋은 사람과 관계를 맺는 것입니다. 행복을 위한 핵심 요소이고, 이와 동시에 나 혼자만의 시간을 갖는 것 또한 필요합니다. 책을 읽고 산책이나 운동을 하고 자기를 성찰하는 이런 혼자만의 시간은 우리의 몸과 마음을 건강하게 하는 데 꼭 필요한 요소입니다.

본질적으로 인간은 외로운 존재이기 때문에 그 외로움과 함께 살아가기 위해서는 자기만의 인생관, 가치관이 있어야 합니다. 물론 좋은 사람과 관계를 맺으면서 행복을 느끼는 것도 반드시 필요하지만 그것만으로는 해결할 수 없는 게 있어요. 내가 나를 돌보고 어떤 삶을 추구할 것인지 깊이 사유함으로써 갈등과 스트레스를 극복할 수 있는 힘을 키우는 게 중요하고, 그런 힘을 키우려면 우선 뇌가 건강해야 합니다. 고독감, 관계에서의 갈등, 스트레스는 누구나 느끼는 것이고, 또 그것들이 어느 정도 있어야 우리의 삶은 발전할 수 있기 때문에 무조건 없애야 하는 부정적인 것으로 생각하지 않았으면 합니다.

놀심의 한 줄로 배우는 심리학

* 내 생각대로 바꿀 수 없는 상황이 있다는 걸 인정하세요. 관계에서 발생하는 갈등은 한쪽만의 문제일 수 없으니 객관적으로 상황을 살펴보세요.
* 낮에는 활동하고 밤에는 잠을 자는 규칙적이면서도 단순한 이 방법이 뇌를 건강하게 하고 행복을 느끼게 한다는 사실을 잊지 마세요.

과거의 기억에 얽매이지 않고
미래를 희망하는 방법

최연호 | 성균관대학교 의과대학 삼성서울병원
소아청소년과 교수

예민하고 부정적인 사람들은
미래를 그릴 때 과거의
안 좋은 기억을 먼저 떠올려요.
지나치게 그 기억에 집착하면
불안과 두려움이 삶을 뒤흔들어놓아
나의 미래와 주변까지 모두 고통받게 돼요.

최설민 갈등과 스트레스에 노출되면 누구나 예민해지고 부정적인 반응을 보이게 되는 것 같아요. 직업적 특성이나 가정 환경 등의 외부적 요인으로 더 크고 빈번한 갈등과 스트레스 상황에 노출되면 더더욱 그렇고요. 그런데 누가 봐도 별것 아닌 일이나 대개는 그냥 넘길 법한 일에도 쉽게 부정적인 반응을 보이는 사람들이 있습니다. 그런 사람들만이 가지고 있는 특징이 있을까요?

최연호 주변에 보면 걱정이 많고 부정적인 생각과 이야기를 많이 하는 사람들이 있어요. 그들의 첫 번째 특징은 '예민함'이에요. 누구나 예민함을 가지고 있는데, 우리나라 인구의 20~30퍼센트는 그 정도가 '보통'을 넘어 '아주 예민'한 수준이에요. 그런 사람은 말초 감각도 예민해서 시각이나 청각이 뛰어나고, 특히 후각과 미각이 예민해서 음식에 대한 호불호가 강하고 편식도 심하며 불쾌한 냄새로 인해 구토도 자주 해요.

이 부정적 감정은 바로 자기의 경험에서 와요. 타인의 경험에 부정적으로 반응하기도 하지만 그조차도 내 경험이고, 그 경험은 곧 기억이에요. 우리는 살아오면서 겪어온 것들을 기억에 저장해 두는데, 특히 예민한 사람들은 심하게 자기에게 해를 끼치거나 손해를 입히거나 기분을 나쁘게 했던 기억을 머릿속에 담아두는 거예요. 그래서 다른 사람보다 쉽게 그 기억을 끄집어냄으로써 그런 부정적인 반응이 나타나는 거죠.

두 번째 특징은 '손해'에 민감하다는 거예요. 내가 지금 손해를 입는 상황이 아닌데도 불구하고 미래에 생길 수 있는 잠재적인 손해에 대비합니다. 손해를 피하려는 이런 본능은 결국 두려움이에요. 예민한 사람들은 두려움에 취약하다는 특징이 있는데, 손해에 대한 두려움이 더 심해지면서 어떻게든 손해를 피하려고 하는 거죠.

예를 들어 내가 다니는 회사가 실적이 좋아서 성과급을 주기로 했어요. 다만 선택지가 있어요. 동전을 던져서 앞면이 나오면 100만 원을 받고 뒷면이 나오면 한 푼도 못 받는 것과 그냥 모두가 똑같이 70만 원을 받는 것 중 하나를 선택해야 해요. 이때 대부분의 사람들이 70만 원을 받는 쪽을 선택해요.

반대로 회사가 어려워져서 월급을 깎겠다고 해요. 이때도 선택지가 있어요. 동전의 앞면이 나오면 100만 원을 깎고 뒷면이 나오면 안 깎는 것과 그냥 모두의 월급을 70만 원 깎는 것 중 선택해야 해요. 이때는 많은 사람들이 동전을 던지는 쪽을 선택해요. 성과급을 주기로 한 처음 제안은 '이득' 상황이었고, 사람들은 이득에는 대부분 안전한 쪽을 선택해요. 반면에 두 번째 제안처럼 손해라고 느낄 때는 도박을 선택합니다. 똑같은 100만 원이더라도 사람들은 이득보다 손해를 2.3배 더 크게 느끼기 때문에 손해를 피하려고 노력하는 거죠.

세 번째 특징은 손해가 생길 것 같다고 느꼈을 때 '뭔가를 한다'는 거예요. 예를 들어 축구에 파넨카킥Panenka kick이라는 게 있어요. 승부차기나 페널티킥 상황에서 골키퍼가 예측 선방을 한다는 점을 역이용해 힘을 빼고 가운데로 공을 차넣는 걸 말해요. 이때 골키퍼가 좌측이나 우측으로 움직이지 않고 가운데 가만히 있으면 막을 수 있는 확률이 30퍼센트는 되죠. 그런데도 골키퍼는 가운데 가만히 있지 않고 좌측으로든 우측으로든 몸을 움직이죠. 뭐라도 해야 하는 거예요. 어떤 상황이 벌어질 때 거기에 대비해 뭔가를 하도록 되어 있는 본능이 발동하는 거죠.

이것을 심리학 용어로 '행동 편향'이라고 불러요. 특히 의료, 법조, 경제, 정치 분야 등의 전문직 종사자 중에 이런 사람들이 많은데, 그들이 계속 뭔가를 하는 이유는 아무것도 안 하고 있으면 비난받을 확률이 높아지기 때문이에요.

부정적인 생각이 많이 드는 사람도 마찬가지로 뭔가를 자꾸 하려고 하죠. 그것 때문에 자기에게도 피해가 생기고 타인에게도 피해가 가는데 그것을 생각하지 못해요. 내 마음이 아프고 내 감정이 부정적이니까 거기에만 매몰되어 뭔가를 하려는 성향을 보이는 거죠.

과거의 기억이 미래를 망치게 하지 말라

최설민 지금까지의 이야기를 종합해 보면 어쩌면 그런 태도
는 인간의 본능일 수도 있겠다는 생각이 듭니다. 다만 본능
이라 하더라도 그 정도가 심한 사람이 있어요. 과거의 경험
에 의해 지금 영향을 받는 거라면 왜 지나간 일이 지금까지
계속 이어지는 걸까요?

박연호 최근에 내가 겪은 인상적이거나 무섭거나 흥미로웠
던 일은 나의 뇌를 지배합니다. 어떤 일이 벌어졌을 때 제일
먼저 떠오르는 생각이 바로 그런 경험들이에요. 예를 들어
비행기 추락사고로 많은 사상자가 발생한 뉴스를 봤어요.
그런데 내가 다음 주에 비행기를 타고 제주도에 가기로 예
약이 되어 있어요. 이때 많은 사람들이 제주도행 비행기표
를 취소해요. 그러고는 부산이나 광주 등 자동차로 이동할
수 있는 지역으로 여행지를 바꾸죠.

비행기 사고 확률이 더 높을까요, 자동차 사고 확률이 더 높
을까요? 당연히 자동차 사고 확률이 더 높은데도 불구하고
비행기 사고 뉴스를 본 사람은 그것이 강하게 뇌에 기억되
어 비행기표를 취소하고 사고 확률이 더 높은 자동차를 선

택하는 거예요. 그것이 인간의 본능이 되어버렸는데, 그렇게 만드는 게 바로 우리의 뇌예요. 편도체라는 두려움의 뇌가 그렇게 대비하도록 내 생각을 관장하는 거죠. 인간이 미래를 그릴 때 작동하는 뇌는 전전두엽으로 예상하고 판단하고 결정하는 기능을 해요. 미래를 예상할 때 이 전전두엽이 활성화되어야 하는데 이때 엉뚱하게 '기억의 뇌'가 활성화되는 거예요.

미래를 예측하는데 왜 과거가 활성화될까요? 나의 경험으로부터 미래를 그리기 때문이에요. 두려움의 뇌가 활성화된 예민하고 부정적인 사람들은 미래를 그릴 때 과거의 그 기억을 먼저 떠올려버리는 거예요. 그것을 '가용성 휴리스틱'이라고 해요. 그 작은 부분의 뇌가 대뇌를 흔들어버리는 거예요. 꼬리가 몸통을 마구 흔들어대니까 우리 마음이 얼마나 힘들겠어요. 조그만 두려움과 손실을 피하고 싶은 나의 예민함으로 지나치게 과거 기억에 집착하면 내 미래와 주변이 전부 고통받는 일이 벌어지는 거죠.

최설민 마음도 힘들어지고 왜곡된 생각으로 세상을 바라보는 인생을 살지 않을까 하는 느낌이 들어요. 예를 들어 과거 인간관계에서 상처받은 두려움이 있으면 그 기억이 미래의 인간관계에 영향을 끼치게 되고 그로 인해 내 인생이 망가질 수도 있는 거네요. 그렇게 부정적인 생각이 들 때 우리가 '하면 안 되는 것'은 무엇일까요?

최연호 간단명료하게 말하면 '탓'이에요. 내가 부정적인 생각을 했을 때 피해자는 나이거나 상대방 둘 중 하나예요. 상대방이 피해자가 되면 남 탓이 되는 거고, 내가 피해자가 되면 많은 사람들이 내 탓을 하는 거죠. 그런데 상대방 탓도 아니고 내 탓도 아닐 가능성이 커요. 그 사람을 그렇게 만든 환경의 맥락이 있고 그것이 문제일 확률이 훨씬 더 높은 거죠. 그런데도 사람들이 그것을 놓치고 내 탓을 하거나 남 탓을 해버리는 거예요. 이것을 심리학 용어로 '기본적 귀인 오류'라고 합니다.

서로 간의 잘못이 아니고 환경의 문제인데도 우리가 그것을 보는 통찰이 부족해서 일이 벌어지는 거죠. 탓을 하기 전에 입장 바꿔 생각하는 시도를 꼭 해야 할 것 같아요. 남 탓이 아니라 저 사람 입장이라면 이런 일이 벌어졌을 확률이 높겠구나, 내 탓이 아니라 이런 상황에서는 도움을 청할 수도 있어야 하고 그럼으로써 극복할 수도 있다는 생각을 바로 할 수 있어야 하죠.

최설민　그럼에도 불구하고 '우리 부모가 그랬어', '이미 과거에 있었던 일이야', '억울한 마음이 들어서 어떻게 해결할 수가 없어'라고 생각하는 사람이 있을 것 같아요. 그런 생각을 어떻게 바꾸면 좋을까요?

최연호　인간은 과거를 생각하거나 미래를 그릴 때 현재 시점에서 바라봅니다. 그래서 왜곡하기가 쉽고 예측하기가 어려워요. 현재를 기준으로 하기 때문이에요. 이런 현재주의를 타파할 수 있는 유일한 방법이 있어요. '나의 미래는 우리 부모의 오늘'이라는 사실을 인정하는 거예요. 나는 나를 특별하다고 생각할 수 있지만 나도 남들과 똑같아요. 즉, 세월이 흘러가면 그 위치를 그대로 답습하게 돼요. 내가 어느 날 아버지가 되어 있고, 어머니와 똑같아져 있는 걸 느끼게 되는 거죠. 즉, 부정적인 생각으로 힘들 때 그것을 이미 겪은 사람들이 어떻게 그 상황을 이겨냈는지를 봐야 해요. 나도 그들과 똑같은 길을 갈 거예요. 나만 특별하고, 나만 그런 고민이 있는 게 아니에요.

또 '시간이 해결해 줄 거야', '다 지나갈 거야'라는 말이 있어요. 맞는 말이에요. 실제로 시간이 지날수록 고통이 사그라드는 걸 느끼게 돼요. 현재주의는 우리가 꼭 타파해야 하고, 나의 내일은 부모의 오늘이라는 말을 실천할 때 답이 나옵니다. 나와 비슷한 경험을 한 사람들이나 가족처럼 내가 도움을 받을 수 있는 사람들이 공통으로 하는 이야기가 있다면 그게 정말 답이에요. 그 사람들의 오늘이 나의 미래가 될 것이기 때문이죠.

나를 죽이지 못하는 고통은 나를 더욱 강하게 만든다

최설민 똑같이 과거의 부정적인 기억을 가지고 있음에도 불구하고 성공한 사람이 있는가 하면 실패한 사람도 있잖아요. 그러면 내가 과거의 부정적인 경험과 기억이 있더라도 그 성공한 사람의 좋은 경험을 나의 스승으로 받아들이고 따르면 좋은 미래를 그릴 수 있다는 이야기네요. 그런데 나 자신을 잠식하는 부정적인 생각이 강할 때 그것을 긍정적인 태도로 바꾸는 현실적인 방법이 있을까요?

최연호 제가 소아과 의사잖아요. 많은 아이들이 배가 아파서 오는데 사실 병 때문이 아니에요. 예민한 아이 중에는 학교에서 대변을 못 보는 경우가 있어요. 거기에는 여러 가지 원인이 있죠. 화장실이 깨끗하지 않았다거나, 수업 중에 손들고 화장실에 간다고 말해서 창피했다거나, 선생님이 혼을 냈던 일들이 아이한테는 예민한 기억으로 남아 있는 거죠.

그런 아이들은 학교에서 대변을 보는 걸 거부하기 때문에 등교 전에 집에서 대변을 꼭 보려고 해요. 그래야 내 마음이 편해지니까요. 그러면 아침에는 반드시 배가 아파야 하는 거고, 그리고 진짜 배가 아파요. 내 기억이 나를 지배해버리기 때문이에요. 그래서 아이들에게 그런 과정을 겪어서 배가 아픈 거라고 그 맥락을 이야기해 줍니다.

그걸 이겨내려면 학교에서 배가 아프면 대변을 보면 돼요. 그래도 못 보면 배가 아픈 걸 조금 참아보는 거예요. 부정적인 기억도 시간이 지나면 조금 사그라들 듯이 조금 참다 보면 통증이 사그라들어요.

그렇게 참다 보면 고통이 지나갈 거라고 믿고 희망을 예측해야 하는데 예민한 사람들의 특징은 그 힘든 상황을 겪는 게 너무 싫고 두려워서 그 상황이 오기 직전의 절망적인 시점을 걱정하고 좌절하는 거예요. 그러면 내 마음이 더 힘들어져서 포기해 버리는 상황이 벌어지는 거죠. 그러면 안 돼요. 피하지 말고 부딪쳐 겪고 지나가야 합니다. 그렇게 부딪치고 나면 예상보다 괜찮다는 걸 자각하게 돼요.

최설민 과거 부모와의 불화나 가족 간의 문제로 여전히 힘들어하는 사람들이 많아요. 그런 사람들이 조금이라도 그 기억과 고통에서 벗어나 희망을 기대하려면 지금 무엇을 해야 할까요?

최연호 우리가 마음이 아픈 건 과거의 기억 때문이라고 앞에서 말씀드렸잖아요. 그런데 그게 너무 오래된 거예요. 쌓이고 쌓이고 쌓여서 폭발하기 직전까지 온 거죠. 그렇게 되지 않도록 예방할 수 있는 유일한 방법은 부당하고 불합리하다는 생각이 들 때 바로 그 이야기를 하는 거예요. 그런데 예민하고 소심한 사람들은 그 순간에 그걸 그냥 받아들이고 말아요. 그런 것들이 쌓이고 쌓여서 폭발하면 결국 내 마음이 다치는 거죠.

이제라도 부당한 것, 문제라고 느끼는 것들이 있다면 주저하지 말고 상대방에게 이야기해 보세요. 그래야만 희망을 그리며 앞으로 나아갈 수 있어요. 나 혼자 끙끙 앓고 있으면 거기에서 벗어날 수가 없어요. 내 잘못이 아닌데 내가 마음을 다치면 억울하잖아요. 불편한 사안을 도마 위에 올려놓고 함께 객관적으로 해부해 보는 거예요. 상대방의 문제일 수도 있고 환경의 문제일 수도 있고 혹은 내가 몰랐던 나의 문제일 수도 있죠. 그 사안을 해결할 책임이 모두에게 있는 거예요.

최설민　설령 내가 그렇게 이야기했을 때 상대방이 되려 내가 이상해서 그런 거라고 말할 수 있지만 그렇더라도 중요한 건 내가 그 상황을 직면하고 상대방에게 이야기를 꺼냈다는 부분인 거네요.

최연호　그렇죠. 내 생각이 옳다고 느껴지면 한 번에 안 되더라도 거기서 멈추지 말고 자신감 있게 내 의견을 표현함으로써 상대방이 이 문제를 함께 생각해 볼 수 있도록 해야 합니다. 우리의 부정적 감정의 기원은 '기억'이에요. 이 기억은 세 종류로 이뤄져 있어요. 평생 간직하고 싶은 '좋은 기억', 다시는 떠올리고 싶지 않은 '나쁜 기억', 나를 완성하는 좋은 '나쁜 기억'이에요.

내가 나쁜 기억으로 완성되지 않도록 하기 위해서라도 거기에서 벗어나는 과정이 필요하고 그것이 곧 인생의 훌륭한 훈련법인 거예요. 니체는 "나를 죽이지 못하는 고통은 나를 더욱 강하게 만든다"라고 말했어요. 내가 죽지 않았다는 것은 고통을 겪으며 그만큼 더 강해졌다는 뜻이기도 해요. 거기에서 희망을 향해 나아가는 용기가 나온다는 걸 잊지 마세요.

---

* 가능한 한 좋은 경험을 내 기억에 저장하려 노력해 보세요. 그 좋은 기억이 나와 나의 미래를 완성합니다.
* 부정적인 생각으로 힘들 때 이미 그것을 겪은 사람들에게 도움을 청해 보세요. 나의 미래는 우리 부모의 오늘입니다.

과거의 상처와 기억으로부터
자유로워지는 용기 있는 선택

최명기 | 최명기정신건강의학과의원 원장

나에게 선한 영향을 줄 수 있는 사람이
서너 명만 있어도 인생은 살아갈 만합니다.
세상은 나의 편이라는 믿음,
누군가 나를 지지해 주고 있다는 믿음은
커다란 희망이며 과거의 상처에서
벗어나게 하는 힘이에요.

최설민 보통 심리학에서는 어린 시절의 안 좋은 경험이 성
인이 되어서도 계속해서 영향을 준다고 말하잖아요. 나는
잘못한 것도 없는데 어릴 적의 안 좋은 기억이 내 발목을 잡
고 현재의 삶은 물론이고 나의 미래에까지 영향을 끼친다
면 너무 억울하기도 하고 고통스러울 것 같아요. 심지어 그
런 이유로 무력감이 들 수도 있고요. 어떻게 해야 과거의 부
정적인 기억으로부터 자유로워질까요?

최명기　만약에 제가 네 살 때 부모가 막 싸우는 걸 봤어요. 스무 살에도 보고, 마흔 살에도 봤어요. 그러면 상처받은 기억이 지워질 새가 없으니까 거기에서 벗어날 수가 없겠죠. 사실은 과거가 나를 지배하는 게 아니라 과거부터 현재까지 이어진 지금의 상태가 나를 지배하는 거예요.

어린 시절의 상처는 대부분 부모와 연관되어 있어요. 그런데 그 부모가 과거뿐만 아니라 지금도 내게 상처를 주고 있다면 현재의 상처가 과거의 상처까지 모두 끌어와요. 그런데 나에게 상처를 주는 그 부모로부터 경제적, 심리적으로 독립하면 과거의 상처로부터 자유로워질 수 있어요.

예를 들어 어렸을 때 내가 굉장히 몸이 작고 약하다고 아이들이 놀려서 상처를 많이 받았어요. 그런데 내가 커서 〈피지컬 100〉에 나가 우승했어요. 그러면 어릴 때 아이들에게서 놀림을 받던 기억이 지금 나에게 상처가 될까요? 안 그럴 거예요. 우리가 과거의 상처라고 착각하는 건 대부분 현재의 상처예요. 과거의 상처와 동일한 종류의 상처가 현재에도 이어지고 있기 때문에 그것을 과거의 상처라고 착각하는 거죠. 나에게 상처를 주는 대상과 내가 분리되거나 그 문제를 해결하면 나는 상처받지 않아요.

나의 과거는 바다나 호수의 밑바닥과 같아요. 물이 높이 차 있을 때는 보이지 않다가 물이 줄어들어 수면이 내려앉으면 수면 위로 드러날 수밖에 없어요. 여기서 물은 곧 일상의 행복이에요. 그래서 과거에 받은 많은 상처를 평생 못 잊는다 해도 내가 오늘 로또 1등에 당첨되면 적어도 오늘 하루는 과거의 상처로부터 완벽하게 자유로워져요. 그러니까 과거의 상처로부터 자유로워지는 건 반드시 과거의 상처와 연관된 문제를 해결해야만 가능한 건 아니에요.

내 행복의 수위가 올라가면 나는 심연의 저 밑바닥에 있는 과거의 상처를 보는 게 무척 힘들어져요. 그래서 물의 깊이가 너무 깊어져도 우린 과거의 상처를 못 보고, 물이 혼탁해져도 과거의 상처를 못 봐요. 하루 종일 정신 없이 바쁘면 나는 오늘 하루 과거의 상처를 안 본 거예요.

그러나 이런 경우는 있어요. 난 지금 그렇게 불행하지도 않고 과거의 상처에서도 자유로운 상태인데 잠자리에만 들면 자꾸 예전의 괴로운 일이 생각나요. 그것은 사실 우울증에 의한 불면증이에요.

매일 운동을 하면 그것이 습관이 되듯이 우리의 뇌도 마찬

가지예요. 최근에 많이 경험한 것을 잘 기억하고 오래된 것
은 잊어버려요. 오래된 일은 큰 자극이 있어야 기억하고, 최
근의 일은 작은 자극에도 쉽게 기억해요. 우울증은 우리의
뇌를 슬프고 괴로운 기분으로 만들기 때문에 슬프고 괴로
운 일이 계속 생각날 수밖에 없어요.

그런데 우울증은 치료하면 없어져요. 아무 이유 없이 괴로
운 과거가 생각나는 것은 그 기억이 나를 사로잡아서가 아
니라 근래 6개월에서 1년 동안 나의 뇌가 매우 약해져 있는
상태라서 그런 거예요. 그런 경우 나의 뇌는 다시 올바른 상
태로 돌아오고 저절로 자유로워져요.

경제적·심리적 독립이 자유로 향하는 길이다

최설민   과거에 얽매일 필요가 없고 지금 현재 내가 어떻게
살아가느냐에 따라 과거의 안 좋은 기억들에 대처하고 극
복할 수 있겠다는 생각이 듭니다. 그렇게 되기 위해서라도
앞서 말씀하신 것처럼 지금까지 나에게 지속적으로 안 좋
은 영향을 주는 대상과 나를 분리하는 결단이 매우 중요할
것 같아요.

최명기   그렇죠. 실제로 많은 젊은이들이 부모의 간섭과 통제가 싫어서 독립하기 위해 열심히 일하는 경우가 많습니다. 협소하고 물리적으로 힘들고 괴롭더라도 내 공간에서 정신적으로 덜 불행하기 위해 독립을 선택하는 용기 있는 젊은이들이 많아요.

그런데 그렇게 살다가 여러 가지 이유로 너무 힘들어서 다시 집으로 돌아갔을 때 보통의 부모는 아무 비난도 하지 않아요. 오히려 용기를 주죠. 그런데 나를 힘들게 하는 부모는 그런 상황에서도 나에게 끈기가 없다거나 더 고생을 해봐야 한다거나 하며 상처를 주죠.

결국 독립은 그것을 가능하게 하는 어떤 힘이 있어야 해요. 그 힘은 나의 괴로움을 최대한 생각하지 않는 거예요. 나를 괴롭게 하는 생각의 무게가 100이라고 했을 때 그 생각을 100퍼센트 뿌리뽑겠다고 해서 그렇게 될 수 있는 건 아니에요.

그런데 내가 오늘 재미있는 영화를 봤다면 그 시간이 나의 괴로운 생각의 무게를 일정 부분 줄여줍니다. 또 다른 즐겁고 재미있는 뭔가를 하면 그 생각의 무게는 계속 줄어들겠죠. 그렇게 나의 삶이 즐거워지고 직장이나 사회에서 나를 인정해 주는 사람이 많아지면 나는 그 대상으로부터 덜 상처받게 됩니다. 내가 즐거워지는 것만큼 나를 괴롭게 하는 대상으로부터 빨리 벗어날 수 있는 거예요.

최설민 나의 영역을 넓히고 내가 강해지면 나를 향한 무시와 비난에 면역이 생겨서 흔들리지 않게 되는 거네요. 그런데 무시와 비난을 넘어 나를 통제하고 협박하는 경우도 있잖아요. 예를 들면 부모가 지금까지 너를 키워줬으니까 번 돈을 모두 내놓으라면서 나의 자산을 마음대로 사용하는 것처럼요. 이때 부모의 말을 따르지 않으면 죄책감이 들것 같아서 그냥 따르는 사람도 있어요. 이럴 때는 어떻게 해야 할까요?

최명기 '세뇌'를 이기는 건 '세뇌'밖에 없어요. 그것이 심리치료의 가장 중요한 목표라고 생각합니다. 끝없이 비난하고 협박하고 통제해서 나를 약하게 하는 사람이 있다면, 나는 반대로 끝없이 내 편이 되어주는 사람이 필요해요. 내가 존경하거나 믿을 만하다고 생각하는 사람이 "네가 맞아. 너는 죄책감을 가질 필요가 없어"라고 말해주는 건 부모의 세뇌를 풀 수 있는 또 다른 세뇌예요.

내 눈에 부모가 여전히 굉장히 무시무시한 사람으로 보인다면 부모 몰래 사진을 찍어서 한번 보세요. 나를 무시하고 비난하고 나약하게 만든 부모지만 사실 초라한 한 사람에 불과하다는 걸 알게 될 수도 있어요. 지금까지는 부모의 얼굴만 봐도 무서움에 떨었기 때문에 내 안에서는 실제보다 더 큰 힘으로 작용한 거죠. 그 힘을 약화할 수 있는 건 결국 사람이에요. 그 사람이 꼭 심리치료사나 정신과 의사여야만 하는 건 아니에요. 학교 선생님일 수도 있고, 종교단체의 성직자일 수도 있고, 친구나 선배일 수도 있어요.

그런데 이때 또 잘못된 선택을 하면 또 다른 비극으로 이어질 수도 있어요. 누군가 혹은 어떤 집단으로부터 세뇌되어 고통받는 경우 불행에서 벗어나기 위해 또 다른 불행을 선택하는 사람이 있어요. 부모에게서 벗어나기 위해 성급하게 부모보다 더 강한 사람과 결혼을 선택하는 사람도 있죠. 그러면 결국 그 배우자가 나를 힘들게 한 부모보다 몇 배 더 나를 괴롭히는 존재가 됩니다.

또 부모로부터 받은 고통을 털어놓고 의지했더니 그루밍이나 가스라이팅을 해서 나를 더 나쁜 길로 빠지게 하는 사람도 있죠. 그런 게 아니고 정말로 나에게 선한 영향을 줄 수 있는 서너 명의 사람만 있어도 우리는 부모로부터 받은 평생의 세뇌에서 벗어날 수 있습니다. 그러니까 올바른 사람을 선택하는 게 중요하겠죠.

선한 영향을 주는 내 편을 만들어라

최설민 내가 상처나 불행한 상황에서 벗어나려면 결국 선한 영향을 줄 수 있는 또 다른 사람이 필요하다는 말씀인 것 같습니다. 그러면 어떤 사람을 내 주변에 두는 게 좋을까요?

최명기 지금은 예전과는 많이 달라졌잖아요. 과거에는 사람이라고 하면 물리적인 사람밖에 없었어요. 지금은 절대 그렇지 않죠. 지금 이 책을 읽고 있는 독자들에게는 이 책이 그 사람 역할을 하는 거예요. 그리고 유튜브나 블로그를 통해서도 내가 잘못된 게 아니고 그건 네 책임이 아니라고 말해줄 수 있는 그런 믿을 만한 사람을 만날 수 있죠. 그 사람이 하는 말의 내용보다 내 편이 되어줄 거라는 믿음이 더 중요하다고 생각해요.

아파서 병원에 갔는데 이렇다 할 진단이 내려지지 않는 경우가 있어요. 그러면 환자는 왜 아픈데 아무 이유가 없는지 궁금하죠. 사실은 아무 이유가 없는 게 아니라 이유가 너무 많아서 진단이 안 되는 거예요. 한 가지 증상이 일어날 때 두세 가지 원인이 30퍼센트 이상씩은 나타나야 감지할 수 있어요. 그런데 100가지가 동일하게 작용하면 의사는 100가지를 모두 감지할 수가 없어요. 어쩌면 세상에서 가장 중요하게 의지할 수 있는 사람은 내가 인지하지 못할 정도로 나한테 영향을 미치는 엄청나게 많은 사람일 수도 있어요. 나를 지지하고 나한테 용기를 주고 나를 믿어주는 사람들이 자잘하게 많이 흩어져 있기 때문에 내가 못 느끼는 것뿐이에요. 바로 그때 우리가 하는 말이 '세상이 나의 편이다'예요.

최설민 세상을 믿지 못하고 나 혼자라고 생각하며 힘들게 하루하루를 버티는 분들에게 '세상이 나의 편이다'라는 그 말을 꼭 전해드리고 싶네요.

최명기 세상은 나의 편이라는 믿음, 보이지 않는 많은 사람이 나를 지지해 주고 있다는 믿음은 커다란 희망이며 세뇌에서 벗어나게 하는 힘이에요. 많은 사람이 현재의 상처와 나를 괴롭게 하는 대상에게서 벗어나지 못하면 심하게 자책하곤 합니다. 그러나 어떤 결과든 거기에는 항상 실패할 결심까지 포함되어야 합니다. 작은 묘목에 꽃이 피기까지는 기다림의 시간이 필요하죠. 그 시간은 생각보다 길어요. 우리가 매일 실패하고 매일 결심하고 매일 다시 일어나는 것은 묘목의 뿌리가 계속 자라고 있다는 뜻이에요. 묘목이 성장하면 어느 순간 꽃이 피는 자유를 얻게 될 겁니다.

놀심의 한 줄로 배우는 심리학

* 나에게 상처를 준 부모가 여전히 무서운 대상으로 여겨진다면 몰래 사진을 찍어서 한번 보세요. 사실은 초라한 한 사람에 불과하다는 걸 알게 될 수도 있습니다.
* 즐겁고 신나는 경험을 가능한 한 많이 하세요. 그만큼 상처의 기억에서 벗어날 수 있습니다.

KI신서 13449

놀면서 배우는 심리학 02 자존감 혁명
마음이 단단하고 내면이 성숙한 사람들의 비밀

1판 1쇄 인쇄 2025년 3월 10일
1판 1쇄 발행 2025년 3월 26일

지은이 강지윤 권준수 김경일 김병수 김혜령 문요한 성현규 유은정 이동귀 이두형 이헌주
장성숙 정두영 조장원 최광현 최연호 최설민 한상만 함광성 황인환
엮은이 최설민
펴낸이 김영곤
펴낸곳 (주)북이십일 21세기북스

인문기획팀장 양으녕 **책임편집** 서진교 **마케팅** 김주현
디자인 studio forb
출판마케팅팀 남정한 나은경 최명열 한경화 권채영
영업팀 변유경 한충희 장철용 강경남 황성진 김도연
제작팀 이영민 권경민

출판등록 2000년 5월 6일 제406-2003-061호
주소 (10881) 경기도 파주시 회동길 201(문발동)
대표전화 031-955-2100 **팩스** 031-955-2151 **이메일** book21@book21.co.kr

(주)북이십일 경계를 허무는 콘텐츠 리더

21세기북스 채널에서 도서 정보와 다양한 영상자료, 이벤트를 만나세요!
페이스북 facebook.com/jiinpill21 **포스트** post.naver.com/21c_editors
인스타그램 instagram.com/jiinpill21 **홈페이지** www.book21.com
유튜브 youtube.com/book21pub

© 강지윤 권준수 김경일 김병수 김혜령 문요한 성현규 유은정 이동귀 이두형 이헌주
장성숙 정두영 조장원 최광현 최연호 최설민 한상만 함광성 황인환, 2025
ISBN 979-11-7357-161-9 (04180)
979-11-7357-159-6 (04180) (세트)